COACH perso

EMMANUEL PIONNIER

COURSE À PIED

Hugo&Cie

Merci à Anne.

Directeur de collection : Mickaël Grall
Conception graphique : Manon Bucciarelli
Ouvrage suivi par Bénita Rolland

ISBN : 9782755606799
Dépôt légal : février 2011
Imprimé en Chine

ÉDITO

VOUS COUREZ ! VOUS AIMEZ ÇA ! VOUS ÊTES UN VÉRITABLE AMATEUR, MAIS VOUS RÊVEZ AUSSI DE FRANCHIR LE RUBICON ET DE VOUS LANCER UN DÉFI PERSONNEL: PARTICIPER À UNE COURSE À PIED. ALORS...

CE COACH PERSO SERA VOTRE ALLIÉ. CET AGENDA (ET IL S'AGIT DE SA FONCTION PREMIÈRE) VOUS PERMETTRA DE NOTER TOUS LES DÉTAILS DE VOS SÉANCES AU QUOTIDIEN. AINSI VOUS AUREZ TOUJOURS SOUS LA MAIN VOS ENTRAÎNEMENTS SEMAINE APRÈS SEMAINE. EN UN COUP D'ŒIL, VOUS POURREZ CONSTATER VOS PROGRÈS.

GRÂCE À SES CONSEILS ALIMENTAIRES, TECHNIQUES ET PHYSIQUES, CE COACH PERSO SERA AUSSI VOTRE GUIDE JUSQU'À CE QUE VOUS ATTEIGNIEZ VOS OBJECTIFS.

ENFIN, CE COACH PERSO VOUS PERMETTRA D'ENRICHIR VOTRE CULTURE GRÂCE À DE BRÈVES ANECDOTES (BIOS DE CHAMPIONS, DESCRIPTIONS D'ÉPREUVES LÉGENDAIRES, CONSEILS SANTÉ, HISTOIRES INSOLITES...).

SOMMAIRE

MODE D'EMPLOI

→CET AGENDA EST DÉCOUPÉ EN 12 CHAPITRES, CORRESPONDANT À **12 MOIS**.

→CES MOIS S'ARTICULENT CHACUN AUTOUR D'**UN THÈME** DIFFÉRENT, QUI PEUT ÊTRE UN TYPE DE COURSE À PIED (MARATHON, CROSS, COURSE EN MONTAGNE...), UNE ÉTAPE DE PRÉPARATION (J-7 AVANT UNE COURSE...) OU UN DOMAINE LIÉ À LA PRÉPARATION (ÉQUIPEMENT, NUTRITION...).

→CHAQUE CHAPITRE EST DIVISÉ EN 4 DOUBLES-PAGES CORRESPONDANT CHACUNE À UNE SEMAINE DE **VOTRE ANNÉE D'ENTRAÎNEMENT**.

→TOUTES LES SEMAINES, VOUS RETROUVEREZ, EN PAGE DE GAUCHE, UN AGENDA CLASSIQUE SUR LEQUEL VOUS ALLEZ **NOTER VOS SÉANCES D'ENTRAÎNEMENT** (KM, DURÉE, LIEU, MÉTÉO...) ET **FAIRE LE BILAN DE VOTRE SEMAINE**. ET, EN PAGE DE DROITE, DES **EXERCICES**, DES **CONSEILS** OU DES **ANECDOTES**.

→DERNIER PRÉAMBULE : APRÈS AVOIR RENSEIGNÉ VOTRE **« PROFIL DE COUREUR »,** TÂCHEZ DE VOUS APPROPRIER CET AGENDA. N'HÉSITEZ PAS, PAR EXEMPLE, À CONSULTER LES CHAPITRES « NUTRITION » OU « SANTÉ » À TOUT MOMENT POUR **ALLER CHERCHER LES INFORMATIONS** QUI VOUS CONCERNENT À L'INSTANT-T.

VOTRE PROFIL DE COUREUR

ÂGE : ______________________ SEXE : ___________________________

NOMBRE D'ANNÉES DE PRATIQUE : ___________________________

- VOTRE POIDS : ____
- VOTRE FRÉQUENCE CARDIAQUE MAXIMALE : ________________
- VOTRE TEMPS AU KILOMÈTRE : ______________________________
- VOTRE VITESSE MOYENNE : __________________________________
- VOTRE NOMBRE D'ENTRAÎNEMENTS PAR SEMAINE : __________
- LES COURSES QUE VOUS AVEZ DÉJÀ DISPUTÉES : ____________

____

____

- VOS RÉSULTATS : ____

____

- LE NIVEAU QUE VOUS ESTIMEZ AVOIR : ______________________

____

- VOS OBJECTIFS POUR L'ANNÉE À VENIR : ____________________

____

____

____

____

____

____

____

____

VOTRE BILAN DE L'ANNÉE

ANNÉE : .... MOIS 1 : ....

NOMBRE DE JOURS COURUS CETTE ANNÉE : ....

- VOTRE POIDS : ....
- VOTRE FRÉQUENCE CARDIAQUE MAXIMALE : ....
- VOTRE TEMPS AU KILOMÈTRE : ....
- VOTRE VITESSE MOYENNE : ....
- VOTRE NOMBRE D'ENTRAÎNEMENTS PAR SEMAINE : ....
- VOTRE NOMBRE DE KM PARCOURUS CETTE ANNÉE : ....
- LES COURSES QUE VOUS AVEZ DISPUTÉES CETTE ANNÉE : ...
- VOS RÉSULTATS : ....
- LE NIVEAU QUE VOUS ESTIMEZ AVOIR : ....
- VOS REMARQUES SUR L'ANNÉE PASSÉE : ....
- VOS OBJECTIFS POUR L'ANNÉE À VENIR : ....

1

MOIS DE : ....

DÉCOUVREZ L'HISTOIRE DU MARATHON

POURQUOI LE MOT « MARATHON » ? PHILIPPIDÈS, LA LÉGENDE

La légende raconte qu'en 490 avant J.-C., le soldat grec Philippidès (ou Phidippidès) a parcouru en courant les 40 km séparant la ville de Marathon, théâtre d'une âpre bataille entre Grecs et Perses, de l'Acropole d'Athènes pour prévenir le peuple athénien de sa victoire. À son arrivée, épuisé, le messager a simplement eu le temps de dire « victoire » avant de mourir. C'est ainsi que le mot « marathon » serait entré dans l'histoire du sport, un symbole de chevauchée au long cours. Comme toutes les légendes, la véracité de ce récit est soumise à de sérieux doutes. Hérodote, chargé à l'époque de raconter cet épisode de la bataille de Marathon, ne fait jamais mention de ce « messager-marathonien ».

COMMENT LE « MARATHON » EST-IL DEVENU LA COURSE DE RÉFÉRENCE ? MERCI M. BRÉAL

Sans le Français Michel Bréal, linguiste fondateur de la sémantique et helléniste passionné, le nom de « Marathon » serait resté à tout jamais le nom d'une ville grecque. Et rien d'autre. Mais en 1894, Bréal convainc Pierre de Coubertin d'inscrire au programme des jeux Olympiques de 1896, organisés à Athènes, une course d'endurance entre Marathon et la capitale grecque en mémoire de Philippidès. Et c'est ainsi que fut adopté le « marathon » aux JO. Et, très vite, des marathons furent organisés par des gens touchés tout autant par la difficulté de l'épreuve que par la beauté de la légende. Par exemple, le marathon de Boston a été créé en 1897 et il est toujours disputé.

POURQUOI 42,195 KM ? PAR ACCIDENT... OU PRESQUE

Pendant un quart de siècle, la distance d'un « marathon » varie, avec un parcours qui oscille autour des 40 km. Rien de plus précis. La longueur est laissée à la discrétion des organisateurs : 40,200 km aux JO-1912, 42,750 km aux JO-1920... Mais en 1921, la Fédération internationale d'athlétisme décide d'officialiser et de réglementer la distance du marathon. Ce sera 42,195 km ! Les instances dirigeantes ont utilisé comme référence la course des JO de 1908 à Londres. Cette année-là, le marathon se dispute entre le château de Windsor et le stade de White City, soit... 26 miles et 385 yards. La conversion dans le système métrique donne 42,195 km.

Objectifs de la semaine : ....

	Km	Tps	Km/h	Météo
L				
M				
M				
J				
V				
S				
D				

Bilan de la semaine

Kilomètres parcourus : ....

Observations générales : ....

....

....

42,195 KM PILE !

Pour s'assurer que les concurrents effectuent la distance requise et pas un mètre de plus, on mesure grâce à la « bicyclette calibrée » en suivant le tracé « idéal », traditionnellement matérialisé par une ligne bleue. La méthode de mesure consiste à installer sur un vélo un compteur « Jones ». Ce compteur offre une marge d'erreur de 0,1%. Bien plus efficace qu'une roue de géomètre (entre 0,6 et 1,5%) ou qu'un compteur auto-moto (2-3%).

PLANNING SUR 12 MOIS POUR UN MARATHON

Fixez une (ou deux) grande(s) échéance(s), un marathon de printemps et un d'automne par exemple, et établissez votre agenda en fonction de cet objectif. Exemple de planning avec deux marathons dans l'année (avril et novembre) :

JANVIER	1	Reprise progressive de l'entraînement. Pourquoi ne pas disputer quelques cross pour casser la routine ?
FÉVRIER MARS	2	Phase de préparation spécifique « marathon ». Vous intensifiez votre entraînement et incorporez quelques épreuves de préparation, sur des distances plus courtes (5 km, 10 km, voire semi...).
AVRIL	3	Affinage de la préparation. Prévoyez trois semaines de repos après la course.
MAI JUIN JUILLET AOÛT	4	Reprise d'un nouveau cycle d'entraînement en entrant dans une routine personnelle. Choisissez la fréquence des sorties, la longueur de ces dernières et vos compétitions.
SEPTEMBRE OCTOBRE	5	Nouvelle phase de préparation pour la grande échéance de l'automne (cf février-mars).
NOVEMBRE DÉCEMBRE	6	Repos après le marathon de novembre (3 semaines environ) avec seulement quelques sorties légères. Profitez de l'hiver pour varier les plaisirs, en pratiquant d'autres sports comme la natation, le vélo, le ski de fond ou alpin... En plus d'une routine différente, vous améliorez votre système cardio-vasculaire.

NB : ce planning sur 12 mois est parfaitement adaptable, selon le type de course (semi, montagne, ultra....) et l'objectif (un seul marathon/an...). Pour débuter par une course comprise en 10 km et le semi-marathon, un cycle de 6 semaines de préparation spécifique est suffisant.

Objectifs de la semaine : ....

	Km	Tps	Km/h	Météo
L				
M				
M				
J				
V				
S				
D				

Bilan de la semaine

Kilomètres parcourus : ....

Observations générales : ....

....

....

KATHRINE SWITZER

Une pionnière. Pendant longtemps, les femmes ont été interdites sur le marathon de Boston. Kathrine Switzer brisa ce tabou en 1967. Aidée par son époux, l'athlète intégra le peloton et prit le départ. Peu après le départ, un juge faillit faire échouer sa tentative. Mais elle parvint à se défaire de l'officiel et à atteindre l'arrivée en 2h40. Cette aventure inspira de nombreuses femmes qui se mirent au 42,195 km. Elle-même en disputa 35.

CALENDRIER NON EXHAUSTIF DES GRANDS MARATHONS

Des marathons sont organisés tout au long de l'année, mais les grands rendez-vous se situent généralement au début du printemps (avril) et en automne (octobre-novembre) lorsque la météo est la plus favorable (pas trop chaud, pas trop froid) :

JANVIER	→DUBAÏ
FÉVRIER	→TOKYO
MARS	→SÉOUL
AVRIL	→ROTTERDAM →PARIS →MARSEILLE →LONDRES →BOSTON
MAI	→BAIE DU MONT ST-MICHEL
SEPTEMBRE	→BERLIN →MARATHON DU MÉDOC
OCTOBRE	→CHICAGO →PÉKIN →LYON →REIMS
NOVEMBRE	→NEW YORK →NICE-CANNES →LA ROCHELLE

Objectifs de la semaine : ....

	Km	Tps	Km/h	Météo
L				
M				
M				
J				
V				
S				
D				

Bilan de la semaine

Kilomètres parcourus : ....

Observations générales : ....

....

....

La ville de Marathon, en Grèce, a célébré le 12 septembre 2010 les 2500 ans de la célèbre bataille symbole de la victoire de la démocratie athénienne contre les Perses. Selon la légende, cette bataille est à l'origine de la course du marathon des jeux Olympiques modernes. En 490 avant J.-C., le soldat grec Philippidès aurait couru 42 km, de Marathon à Athènes, pour annoncer la victoire des siens et serait mort juste après avoir prononcé le mot « victoire ».

PALMARÈS DU MARATHON AUX JEUX OLYMPIQUES

→MESSIEURS

1896 Spyridon Louis (Grèce) 2h58min50s (40 km) • **1900** Michel Théato (France) 2h59min45s (40 km) • **1904** Thomas Hicks (États-Unis) 2h28min53s (40 km) • **1908** John Hayes (États-Unis) 2h55min18s • **1912** Kenneth McArthur (Afrique du Sud) 2h36min54s • **1920** Hannes Kolehmainen (Finlande) 2h32min35s • **1924** Albin Stenroos (Finlande) 2h41min22s • **1928** Boughera El Ouafi (France) 2h32min57s • **1932** Juan Carlos Zabala (Argentine) 2h31min36s • **1936** Kee-Chung Sohn (Japon) 2h29min19s • **1948** Dello Cabrera (Argentine) 2h34min51s • **1952** Emil Zatopek (Tchécoslovaquie) 2h23min03s • **1956** Alain Mimoun (France) 2h25min00s • **1960** Abebe Bikila (Éthiopie) 2h15min16s • **1964** Abebe Bikila (Éthiopie) 2h12min11s • **1968** Mamo Wolde (Éthiopie) 2h20min26s • **1972** Franck Shorter (États-Unis) 2h12min19s • **1976** Waldemar Cierpinski (RDA) 2h09min55s • **1980** Waldemar Cierpinski (RDA) 2h11min03s • **1984** Carlos Lopez (Portugal) 2h09min21s • **1988** Gelindo Bordin (Italie) 2h10min32s • **1992** Hwang Young-Cho (Corée du Sud) 2h13min23s • **1996** Josia Thugwane (Afrique du Sud) 2h12min36s • **2000** Gezahegne Abera (Éthiopie) 2h10min11s • **2004** Stefano Baldini (Italie) 2h10min55s • **2008** Samuel Wanjiru (Kenya) 2h06min32s

→DAMES

1984 Joan Benoit (États-Unis) 2h24min52s • **1988** Rosa Mota (Portugal) 2h25min40s • **1992** Valentina Yegorova (CEI) 2h32min41s •**1996** Fatuma Roba (Éthiopie) 2h26min05s • **2000** Naoko Takahashi (Japon) 2h23min14s • **2004** Mizuki Noguchi (Japon) 2h26min20s • **2008** Constantina Tomescu (Roumanie) 2h26min44s

Objectifs de la semaine : ....

	Km	Tps	Km/h	Météo
L				
M				
M				
J				
V				
S				
D				

Bilan de la semaine

Kilomètres parcourus : ....

Observations générales : ....

....

....

VOTRE POIDS : ....

AÏE, OUILLE ! COURBATURES

Elles se traduisent par une douleur musculaire qui apparaît après l'exercice et peut durer de 24 à 48h. Elles sont principalement dues à trois causes : de petits épanchements de sang provoqués par rupture des capillaires sanguins, une accumulation de déchets (acidité, ammoniac...) dans le muscle et un épuisement des stocks de glycogène. Des étirements, un bain chaud, un massage et une alimentation adaptée sont le meilleur remède.

TOP 5 DES MARATHONS LES PLUS RAPIDES

1	Berlin	Haile Gebreselassie	ETH	2h03:59	2008
2	Rotterdam	Duncan Kibet	KEN	2h04:27	2009
3	Dubaï	Haile Gebreselassie	ETH	2h04:53	2008
4	Londres	Samuel Wanjiru	KEN	2h05:10	2009
5	Fukuoka	Tsegay Kebede	ETH	2h05:18	2009

LES 5 MEILLEURS MARATHONIENS DE L'HISTOIRE

1	Haile Gebreselassie	ETH	2h03:59	Berlin	2008
2	Duncan Kibet	KEN	2h04:27	Rotterdam	2009
3	James Kwambai	KEN	2h04:27	Rotterdam	2009
4	Patrick Musyoki	KEN	2h04:48	Rotterdam	2010
5	Paul Tergat	KEN	2h04:55	Berlin	2003

LES 5 MEILLEURS CHRONOS DE L'HISTOIRE

1	2h03:59	Haile Gebreselassie	ETH	Berlin	2008
2	2h04:26	Haile Gebreselassie	ETH	Berlin	2007
3	2h04:27	Duncan Kibet	KEN	Rotterdam	2009
4	2h04:27	James Kwambai	KEN	Rotterdam	2009
5	2h04:48	Patrick Musyoki	KEN	Rotterdam	2010

2

MOIS DE : ....

SURVEILLEZ VOTRE SANTÉ

LA COURSE À PIED EST L'UN DES MEILLEURS MOYENS DE RESTER EN FORME.

Le corps et le cœur travaillent de concert. Parmi les coureurs à pied, on peut distinguer trois catégories, sachant que l'on peut passer de l'une à l'autre sans souci :

• **« Course-Santé » :** Pratiquer la course à pied peut être un moyen de conserver la forme, voire les formes. Vous pouvez décider de vous lancer dans la course à pied pour perdre du poids, pour améliorer votre sommeil ou tout simplement pour vous sentir bien. En groupe, la course à pied peut aussi être une activité conviviale. Avec une alimentation équilibrée et quelques règles d'hygiène de vie respectées, vous pouvez associer la course à pied à la santé.

• **« Plaisir-Effort » :** En vous fixant un planning assez strict (sans pour autant qu'il soit difficile) et en le respectant, vous allez vous obliger à enfiler votre tenue et vos chaussures, même quand la motivation se fait désirer. Cet effort deviendra de moins en moins une contrainte et de plus en plus un plaisir. Vous constaterez que courir libère du stress. Transpirer, serrer les dents ou ressentir des courbatures seront vite oubliés au profit d'un sentiment de bien-être.

• **« Sport-Défi » :** Une fois pris au jeu du sport-effort, vous pouvez aisément vous fixer des objectifs « sportifs ». Participer à une course sur route de quelques kilomètres, essayer d'améliorer vos performances précédentes, augmenter la distance de course ou vous fixer un « vrai » défi comme le marathon : les objectifs possibles sont nombreux. À vous de trouver le vôtre !

Quel que soit votre choix parmi ses trois tendances, vous devez être conscient qu'un minimum de précautions est aussi nécessaire pour éviter les désagréments ou les blessures : acheter des chaussures adaptées, ne pas se surestimer, écouter son corps, effectuer un échauffement sérieux, ne pas sous-estimer l'importance des étirements... Enfin, un suivi médical, même minime, sera nécessaire.

Objectifs de la semaine : ....

	Km	Tps	Km/h	Météo
L				
M				
M				
J				
V				
S				
D				

Bilan de la semaine

Kilomètres parcourus : ....

Observations générales : ....

....

....

CHAMPIONS

ABEBE BIKILA

Un Éthiopien s'impose pieds nus au marathon aux JO-1960. Abebe Bikila. 1er champion olympique de l'Afrique noire. Et à Rome, capitale de l'ancien empire colonial qui dominait son pays. Ce fils d'agriculteur et membre de la garde de l'Empereur Haïlé Sélassié est accueilli en héros et le Négus lui offre une rente à vie. Après la révolution, il échappe à la mort grâce à l'intervention impériale. Aux JO-1964, Bikila conserve, en chaussures, son titre. La suite est tragique: JO-1968: abandon. Père de 4 enfants, il est paralysé après un accident en 1969. Il participera en fauteuil roulant au tournoi de tir à l'arc des Jeux paralympiques. Le 25 octobre 1973, une hémorragie cérébrale l'emporte.

L'ÉCHAUFFEMENT SE DÉCOMPOSE EN PLUSIEURS PHASES

1 10-15 minutes de **course très tranquille** pour chauffer l'ensemble du corps (bras, cou, jambes...)

2 Quelques minutes d'**étirements** (cf page suivante).

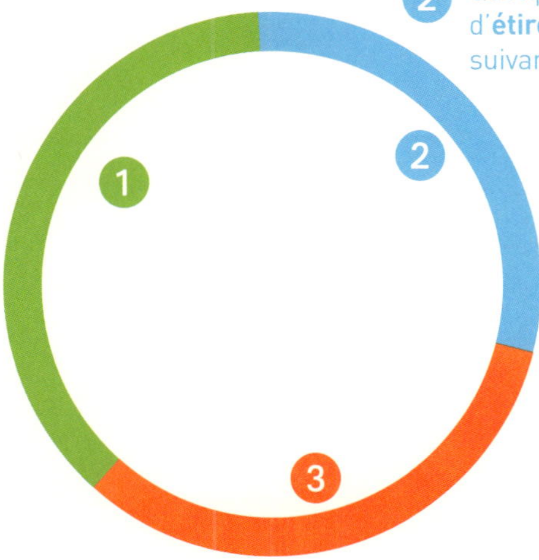

3

Reprise de la course, en augmentant progressivement l'allure jusqu'à ce que vous atteigniez votre « vitesse de croisière ». Lors d'un marathon (ou d'un semi), l'échauffement peut très bien être achevé après le départ. Profitez des premiers hectomètres pour achever l'échauffement.

→Lorsque vous programmez un entraînement, n'oubliez pas que l'échauffement fait partie de votre temps d'entraînement.

Objectifs de la semaine : ....

	Km	Tps	Km/h	Météo
L				
M				
M				
J				
V				
S				
D				

Bilan de la semaine

Kilomètres parcourus : ....

Observations générales : ....

....

....

AÏE, OUILLE ! **CRAMPE**

C'est une contraction musculaire très intense et douloureuse qui survient sans prévenir. Elle peut disparaître spontanément mais peut provoquer une contracture. C'est l'incapacité du sang à pénétrer dans le muscle qui provoque la douleur. La déshydratation peut être l'une des causes. Les soins ? Le traitement d'urgence consiste à étirer progressivement le muscle et à le masser. L'absorption d'eau et de sel peut aider.

LES ÉTIREMENTS AVANT L'EFFORT

Les étirements auront une part non négligeable dans la réussite de votre course, soyez-en convaincu. Ne négligez pas cette partie. Ne jamais s'étirer à froid. Ce sont évidemment les membres inférieurs (adducteurs, mollets, ischio-jambiers, fessiers et quadriceps) qu'il convient de « chauffer » avec des étirements dynamiques.
Chaque position doit être maintenue environ 15 secondes. Attention à ne pas provoquer d'à-coups et à ne pas forcer.

Quelques exercices :

Pour les fessiers : Asseyez-vous au sol. Tendez une jambe devant vous et ramenez la seconde, pliée, vers vous en croisant les jambes.

Pour les ischio-jambiers (arrière de la cuisse) : Posez la jambe tendue sur un rebord (balustrade, banc, chaise). La jambe doit être parallèle au sol. Penchez-vous en avant et attrapez votre pied en tirant sur la pointe.

Pour les mollets : Une jambe devant fléchie et la seconde tendue vers l'arrière (position fente avant). Poussez sur la pointe du pied arrière en décollant légèrement le talon.

Pour les quadriceps : Debout en équilibre, attrapez votre coup de pied derrière vous en pliant la jambe. Ne pas ramener le talon contre le fessier. L'autre jambe doit être tendue. Vous poussez le pied vers le bas alors que la main résiste.

→**Pour l'ensemble :** faites une dizaine de bonds rapides sur place, pieds joints.

Objectifs de la semaine : ....

	Km	Tps	Km/h	Météo
L				
M				
M				
J				
V				
S				
D				

Bilan de la semaine

Kilomètres parcourus : ....

Observations générales : ....

....

....

ZOLA BUDD

Sud-Africaine blanche née pendant l'apartheid, Zola Budd a eu une carrière controversée. D'abord, elle court pieds nus, souvenir de son enfance rurale. En 1984, à 18 ans, premier coup d'éclat, avec le record du monde du 5000 m. Exploit non homologué en raison du boycott de son pays. Pour les JO de Los Angeles, elle obtient la nationalité britannique sans vraiment être la bienvenue. En finale du 3000 m, elle est mêlée à un incident en faisant chuter la locale et favorite Mary Decker. Budd finit 7e et huée par les Américains. Redevenue sud-africaine à la fin de l'apartheid, elle participe sans briller aux JO-1992 et ajoute quelques titres mondiaux de cross.

COMMENT TROUVER SA FCMAX ?

1 **Utiliser une formule :** Une formule empirique très connue existe pour vous aider à trouver votre FCmax. Cependant, cette formule ne prétend pas offrir une réponse rigoureusement exacte. En pratique, la fréquence cardiaque varie, même parmi les sportifs bien entraînés, l'application de cette formule est donc à utiliser avec prudence.

Cette formule est FCmax = 220 - âge

Cette formule a été conçue par des médecins pour savoir jusqu'où des malades cardiaques pouvaient pratiquer le sport sans se mettre en danger. À l'époque, les cobayes étaient donc... des malades cardiaques, dont certains fumaient et ne faisaient pas de sport.

2 Il existe également des **méthodes individualisées** pour connaître sa FCmax comme des exercices de courses en côte ou sur un tapis de course. Peut-être plus précise que la formule (220 - âge), cette méthode n'est pas la panacée.

3 **Effectuer un test d'effort :** Ce test, effectué chez un médecin spécialiste, est ce qui existe de mieux. Cet examen permet de mesurer le rythme cardiaque, la pression artérielle, l'essoufflement...

La FCmax est un chiffre qui, comme les gènes, est spécifique à chaque individu. En général, les femmes possèdent une FCmax supérieure à celle des hommes. Chez les enfants, on peut la mesurer régulièrement au-dessus de 200 bpm (battements par minute) !

Objectifs de la semaine : --

	Km	Tps	Km/h	Météo
L				
M				
M				
J				
V				
S				
D				

Bilan de la semaine

Kilomètres parcourus : ------------------------------------

Observations générales : ------------------------------------

----

VOTRE POIDS : ----------

ÉPREUVE

PARIS-VERSAILLES

Depuis 1976, cette course de 16 km marque la rentrée de septembre pour plus de 20 000 joggeurs. Sa renommée populaire vient de son départ sous la Tour Eiffel, de son arrivée face au château de Versailles mais aussi de sa fameuse Côte des gardes. Entre le km 6 et le km 9, le dénivelé est de 130 m. De quoi « casser quelques pattes ». Attention ! Le dernier km en faux-plat avec l'arrivée en point de mire semble très, très long.

LES ÉTIREMENTS APRÈS L'EFFORT

Après l'effort, les étirements vous permettront de gagner du temps dans la récupération et surtout de moins sentir les effets de la fatigue musculaire. Préférez les étirements passifs, en étant bien assis ou couché. Pour plus d'efficacité, chaque position peut se tenir entre 20 et 30 secondes.
Et n'oubliez pas ! *« Le corps ne devient pas plus fort et plus endurant pendant l'effort. Il devient plus fort et plus endurant en récupérant de l'effort précédent »*, Peter Keen, entraîneur de Chris Boardman (cycliste professionnel), ancien détenteur du record de l'heure.

Quelques exercices :

Pour les ischios : Assis, tendez une jambe devant et repliez l'autre sur le côté. Avec la main opposée, attrapez le pied de la jambe tendue

Pour les quadriceps : Assis, repliez une jambe devant et une derrière, penchez le corps en arrière pour attraper la jambe « arrière » en tirant sur cette jambe.

Pour les adducteurs : Assis, joignez vos plantes de pied, ramenez vos pieds vers vous et maintenez les genoux écartés.

3

MOIS DE : ....

SURVEILLEZ VOTRE NUTRITION & HYDRATATION

NUTRITION - PAS DE PANIQUE !

Inutile de mener une vie d'ascète pour préparer une course à pied. Le but est de ne pas prendre le départ avec une surcharge pondérale trop importante. (Vous portez vos propres kilos en trop !)

→Pendant la préparation : Une alimentation équilibrée en comptant environ 15% de protéines (viandes, poissons...), 30% de lipides (huile de noix, de colza...) et 50% de glucides (légumes, fruits, féculents...).
Évitez: aliments frits (chips, beignets...), graisses animales (hamburgers, beurre, agneau...) et graisses transformées (pâtisseries, céréales...)
Préférez : légumes, aliments complets (farine, pain...), « bonnes graisses » (avocats, noix, saumon...). La veille au soir d'une course (ou sortie longue), la fameuse assiette de pâtes est toujours conseillée. À quelques heures de la compétition, on évite les fibres (bonjour le transit intestinal !), les viandes.

→Pendant l'effort (course ou entraînement) : Les barres énergétiques sont recommandées pour les sorties de trois heures ou plus. En deçà, l'idéal est d'ingurgiter des fruits secs (raisins, abricots...) proposés lors des ravitaillements ou des gels énergétiques. Ces gels sont tout à fait adaptés à la course à pied. Faciles à transporter, ils agissent très rapidement sur l'organisme. Sur un marathon, il convient de se nourrir tous les 10 km environ.

HYDRATATION - À LA VÔTRE !

« Buvez, éliminez ! » Ce fameux slogan publicitaire reflète parfaitement la vie d'un joggeur. Plus encore que manger, l'hydratation est un facteur déterminant. L'eau constitue environ 60-70% du poids du corps et le muscle contient 73% d'eau. L'absorption d'eau est nécessaire et compense les pertes via les urines, la respiration ou la sueur. Un athlète perd environ 1,5 l d'eau par heure. Boire est donc nécessaire.

→Quand boire ? N'attendez pas d'avoir soif pour boire. Pendant l'effort, il faut compter environ 20 cl de boisson toutes les 20 minutes. Un conseil : entraînez-vous à boire en courant par petites gorgées. La chaleur peut faire varier la quantité. Une hydratation insuffisante peut conduire à des déboires sérieux : perte de vigilance, douleurs musculaires, claquages, crampes et courbatures.

→Que boire ? L'eau est évidemment le liquide hydratant de base et suffit pour tout effort inférieur à 1 heure. Jamais glacée pour éviter les problèmes de digestion. Évitez les eaux gazeuses et préférez le café. Des études montrent une amélioration des performances grâce à la caféine. Mais à consommer avec modération car la caféine est un diurétique. Enfin, l'idéal pendant les courses (ou les entraînements longs) est de consommer des boissons à base de poudres diététiques diluées.

Objectifs de la semaine : ....

	Km	Tps	Km/h	Météo
L				
M				
M				
J				
V				
S				
D				

Bilan de la semaine

Kilomètres parcourus : ....

Observations générales : ....

....

....

AÏE, OUILLE ! **BURSITE**

Il s'agit d'une inflammation d'une bourse séreuse, poche remplie de liquide située autour des articulations, entre les tendons et les os (épaule, genou, cheville). Ces bourses jouent le rôle d'amortisseur et de lubrifiant. Les bursites sont généralement traitées par du repos, une attelle, une poche de glace. Les soins de physiothérapie (ultrasons), voire des ondes de choc, peuvent s'avérer utiles. Tout comme des anti-inflammatoires.

EXEMPLE DE PETIT DÉJEUNER « SALÉ » LE JOUR D'UNE COMPÉTITION

- *Un morceau de viande blanche (volaille) ou rouge (boeuf) grillée ou un morceau de poisson maigre (cabillaud, dorade...).*
- *1 assiette de féculents (pâtes al dente ou purée) accompagnés de légumes cuits à l'eau.*
- *1 yaourt (ou du fromage blanc).*
- *1 compote.*
- *De l'eau.*

Objectifs de la semaine : ....

	Km	Tps	Km/h	Météo
L				
M				
M				
J				
V				
S				
D				

Bilan de la semaine

Kilomètres parcourus : ....

Observations générales : ....

....

....

GRETE WAITZ

La Norvégienne s'est fait connaître grâce au marathon. Elle obtient le premier titre mondial de l'épreuve (1983), puis la médaille d'argent aux JO-1984. La Scandinave remporte également le marathon de New York à 9 reprises entre 1978 et 1988. Et en cross-country, elle est la femme la plus titrée de l'histoire avec 5 succès (entre 1978 et 1983).

DEUX EXEMPLES DE REPAS DANS UNE PÉRIODE DE PRÉPARATION AU MARATHON

- 1 assiette de crudités (au choix), assaisonnées d'huile de noix ou colza.
- 1 tranche de poisson (grillé ou cuit à la vapeur) ou une viande (grillée sans sauce).
- 1 assiette de féculents.
- 1 part de fromage.
- 1 riz au lait.

ou

- 1 soupe de légumes.
- 1 omelette.
- 1 assiette de légumes verts.
- 1 yaourt.
- 1 fruit frais.

Objectifs de la semaine : ....

	Km	Tps	Km/h	Météo
L				
M				
M				
J				
V				
S				
D				

Bilan de la semaine

Kilomètres parcourus : ....

Observations générales : ....

....

....

WILLIAM « BILL » EMMERTON

Après des débuts de marathonien, cet Australien, né en Tasmanie en 1920, se tourne vers les courses d'Ultra et accumule les exploits. Première traversée en solitaire de la Vallée de la Mort (Californie et Arizona), record de Melbourne-Adélaïde (750 km en 10 j), traversée de la Grande-Bretagne (1535 km) et surtout il rejoint St Joseph (Missouri) à Sacramento (Californie), soit 3200 km en 47 j. Il est décédé en 2010 à l'âge de 91 ans.

NUTRITION AVANT UNE COURSE

La nutrition est importante avant une course. Mais elle est aussi importante après et conditionne une partie de la récupération. Exemple de nourriture à ingurgiter après une course.

• Dans la foulée immédiate de l'épreuve : une boisson énergétique, des sucres rapides, des fruits frais et secs, des gâteaux secs.

• Le premier repas « post-course » :

- 1 assiette de crudités.
- 1 assiette de féculents (pâtes ou pommes de terre), avec assaisonnement (sauce tomate...).
- 1 part de fromage.
- 1 dessert lacté (flan, riz au lait, yaourt).
- 1 fruit frais.

Objectifs de la semaine : ....

	Km	Tps	Km/h	Météo
L				
M				
M				
J				
V				
S				
D				

Bilan de la semaine

Kilomètres parcourus : ....

Observations générales : ....

....

....

VOTRE POIDS : ....

INSOLITE

QUAND J'AVANCE, TU...

Parmi les excentriques de la course à pied se trouvent les coureurs à reculons. La « discipline » compte même quelques « stars ». Parmi elles, Thomas Dold. Cet Allemand, né en 1984, possède de nombreux records du monde du 400 m au 2000 m. Par exemple, 1 min 09 sec 56 sur 400 m (RM en marche avant 43 sec 18), 5 min 01 sur 1500 m (3:26.00 en marche avant). Le record du monde du marathon en « rétrorunning » (l'autre nom de ce style) est détenu par le Chinois Zhenjun Xu (3h43 min 39).

EXEMPLE D'HYDRATATION SUR UNE JOURNÉE PENDANT LA PRÉPARATION

- *1 ou 2 verre(s) d'eau au réveil.*
- *1 thé ou 1 café au petit déjeuner.*
- *1/2 l d'eau pendant la matinée.*
- *1 ou 2 verre(s) d'eau pendant le déjeuner.*
- *1/2 l d'eau dans l'après-midi.*
- *1 ou 2 verre(s) pendant le dîner.*
- *1 ou 2 verre(s) avant le coucher.*

4

MOIS DE : ....

PROFITEZ DE LA TECHNOLOGIE

UNE PAIRE DE CHAUSSURES, UN VIEUX T-SHIRT EN COTON ET UN SHORT ET HOP, C'EST PARTI !

Pas si vite. La course à pied est une discipline où la technologie prend de plus en plus de place : les chaussures, les vêtements et même les accessoires.

→**De bonnes chaussures :** C'est le pied ! S'il est une partie du corps à ne pas négliger lorsqu'on court, c'est bien le pied. Quel que soit votre type de pied (supinateur, universel ou pronateur), il est essentiel de trouver la chaussure adaptée à votre pied et à la course que vous souhaitez pratiquer (marathon, cross, montagne...). Et n'oubliez pas que vos chaussures ont une durée de vie. N'attendez pas d'apercevoir vos chaussettes à travers les trous pour en changer.

→**Vêtements high-tech :** Le choix des vêtements de course à pied est de plus en plus large. Si le T-shirt en coton est encore l'une des tenues les plus portées au départ des courses, sa suprématie est dorénavant contestée – et à juste raison – par le polyester offrant des maillots respirants... Contrairement au coton, le polyester présente l'avantage d'absorber la transpiration ET de l'évacuer. Pour lutter contre le froid, rien ne vaut le Gore-Tex.

La casquette, le coupe-vent, les gants, le bonnet, le collant... Sachez vous habiller en tenant compte de la météo. N'empilez pas les épaisseurs.

→**Accessoires :** Cardio-fréquencemètre, baladeur, casquette, pochettes, sac à dos... les accessoires proposés sont pléthores et leur utilité par rapport à la performance pas toujours démontrée.

→**Le cardio-fréquencemètre :** N'importe quel joggeur peut courir sans, surtout lorsqu'on débute. Mais plus vous souhaiterez progresser, plus ce petit instrument qui mesure votre rythme cardiaque – entre autres choses – vous sera utile. Pas un entraînement un tant soit peu poussé ne se fait sans.

Enfin, un mot sur la musique et le baladeur. Grâce à la numérisation et à la miniaturisation, le baladeur est devenu quasiment invisible. Mais accessoire ou gadget ? Même si le débat n'est pas clos, des études semblent montrer le bénéfice que peut apporter la musique. *« La psychologie aide à se dépasser dans les sports d'endurance. Dans ce cadre, la musique peut avoir plusieurs effets psychologiques sur les amateurs d'endurance. Un effet relaxant avant l'effort et un effet stimulant pendant »*, expliquait récemment M. Dhekaier, fondateur d'un site spécialisé sur l'entraînement en musique. Champion d'Europe espoirs du 5000 m en 2007, le Français Nourredine Smail confirme : *« D'une part, cela passe le temps. D'autre part, le rythme de la musique permet de se relancer, de courir à la sensation. »*

Objectifs de la semaine : ....

	Km	Tps	Km/h	Météo
L				
M				
M				
J				
V				
S				
D				

Bilan de la semaine

Kilomètres parcourus : ....

Observations générales : ....

AÏE, OUILLE ! **L'AMPOULE** EST LE CAUCHEMAR DU COUREUR

Elle provient des frottements liés à la répétition des foulées créant des échauffements. Pour soigner : percez et désinfectez. Pour prévenir et non guérir : des chaussures adaptées, des chaussettes en coton ou « spéciales course » (attention aux plis en les enfilant) et des pansements pour protéger les zones sensibles ou une crème anti-frottements. Mais rassurez-vous : plus vous courez, plus votre peau s'endurcit et réduit le risque d'ampoules !

LE CARDIO-FRÉQUENCEMÈTRE

Du plus simple au plus sophistiqué, un cardio-fréquencemètre (CFM) permet de connaître un peu mieux ses limites cardiaques. Sans être obligatoire, son utilisation peut être un véritable « plus ».

→Utiliser un CFM vous permet principalement de :

- Trouver votre fréquence cardiaque maximale et donc établir des zones de travail.
- Optimiser l'entraînement en travaillant dans des zones spécifiques.
- Analyser sa séance sur ordinateur pour mieux planifier la suite.
- Prévenir, éventuellement, des signes de surentraînement.

→Des experts mettent toutefois en garde, contre l'usage exclusif des CFM, surtout parce que :

- Le rythme du cœur peut être influencé par le stress, la fatigue, la chaleur, la maladie et même la consommation excessive de café.
- Le rythme cardiaque n'est pas une « fenêtre » totalement fiable pour percevoir les signes de la fatigue, de surentraînement ou du manque de motivation.
- Certains athlètes peuvent en devenir « esclaves », et oublier d'écouter leur corps.
- La FCmax ne reflète pas à 100% les capacites physiques de l'athlète.

Objectifs de la semaine : ....

	Km	Tps	Km/h	Météo
L				
M				
M				
J				
V				
S				
D				

Bilan de la semaine

Kilomètres parcourus : ....

Observations générales : ....

....

....

INSOLITE

« FORREST GUMP »

En 2006, un enfant de 5 ans, né dans un bidonville de l'est de l'Inde, a couru 65 km en 7h02 minutes. Selon la légende, les incroyables prédispositions sportives du garçonnet ont été repérées lors d'une punition. Budhia Sing avait reçu l'ordre d'accomplir plusieurs tours de piste dans un stade, mais cinq heures plus tard, il courait toujours.

QUEL PIED AVEZ-VOUS ?

Il existe trois types de pied (pronateur, universel et supinateur). Connaître son type permet de choisir des chaussures adaptées et donc d'éviter les blessures. Pour cela, vous pouvez consulter un podologue ou plus simplement (et plus économique), vous demandez à un ami de vous observer de l'arrière lorsque vous courez. Seul, vous pouvez aussi faire l'expérience en marchant pieds nus sur un revêtement qui laisse des empreintes.

1 **Universel** (50% des coureurs environ) : Vous avez un pied universel si l'impact et le déroulement de votre foulée se fait dans un axe neutre (ou central). Du centre du talon vers le 2e orteil.

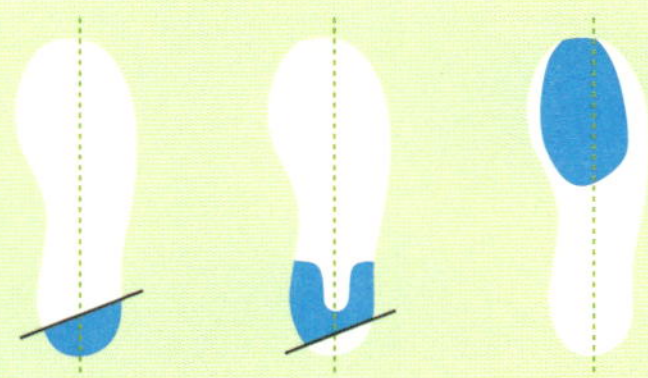

2 **Pronateur** (40% des coureurs environ) : au moment de l'impact avec le sol, votre poids se porte d'abord sur l'extérieur du talon puis bascule vers l'intérieur, c'est-à-dire l'avant de la plante du pied, sous le gros orteil.

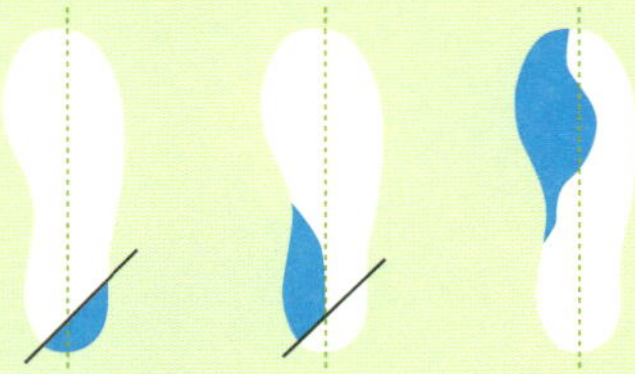

3 **Supinateur** (10% des coureurs environ) : À l'inverse de la pronation, la supination a tendance à être une bascule du pied vers l'extérieur. L'usure des semelles se fait à l'extérieur.

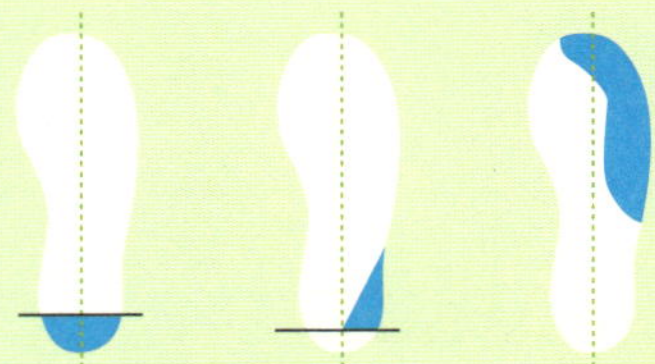

Usure des semelles pied droit

Objectifs de la semaine : ....

	Km	Tps	Km/h	Météo
L				
M				
M				
J				
V				
S				
D				

Bilan de la semaine

Kilomètres parcourus : ....

Observations générales : ....

ALAIN MIMOUN

Né le 1er janvier 1921 à El Telagh (Algérie), Alain Mimoun se met à la course à pied lors de son service militaire. Serveur et athlète au Racing Club de France, il obtient le premier de ses 32 titres nationaux en 1947 (5000 m). L'année suivante, le petit homme discret termine 2e du 10 000 m des JO de Londres. Rebelote en 1952, aux JO d'Helsinki. En 1956, l'Australie le fera héros. Il dispute, le 1er décembre, son premier marathon, 24 heures après avoir appris la naissance de sa fille. En tête avant la mi-course, il surmonte une défaillance après le 30e km et triomphe. Il reçoit la Légion d'honneur, la croix de guerre... et verra son nom attribué à de nombreux stades.

À CHAQUE COURSE SA CHAUSSURE

Un peu comme pour les chaussures de ville, les chaussures de course à pied doivent être choisies avec soin. N'hésitez pas à demander des conseils. Et elles doivent aussi être adaptées au style de course à pied :

- **Courtes distances** (moins de 10 km) : chaussures à semelles souples et lisses, talon dur.

- Distances comprises **entre 10 et 25 km** : chaussures un peu plus lourdes (entre 300 et 350 g), semelles sans crampon mais légères et amortissantes.

- **Longues distances :** chaussures aux mêmes qualités que les précédentes mais avec un accent mis sur la qualité de l'amorti.

- **Cross :** chaussures à semelles crantées. Les pointes ne sont nécessaires qu'en cas de terrain boueux et très souple.

- **Trail :** pour le « nature » ou « montagne », les chaussures doivent être plus lourdes (entre 350 et 400 g en moyenne) avec des semelles plus épaisses pour encaisser les variations de relief (cailloux, trous, racines...).

- **Spécial « femmes » :** les chaussures pour femmes sont plus étroites, proposées dans des pointures plus petites et dans des coloris plus pastel.

Objectifs de la semaine : ....

Jour	Km	Tps	Km/h	Météo
L				
M				
M				
J				
V				
S				
D				

Bilan de la semaine

Kilomètres parcourus : ....

Observations générales : ....

....

....

VOTRE POIDS : ....

INSOLITE

L'ÉCHAPPÉE BELLE

Un détenu de la prison de Nancy-Maxéville (Meurthe-et-Moselle) a profité d'une permission le temps de participer à une course à pied pour se faire la belle. Le fugitif de 48 ans, condamné à une peine de 6 ans pour escroquerie depuis novembre 2007, a pris le départ des «Foulées de Longemer» (Vosges), une course de 10 km, mais *«n'a jamais franchi la ligne d'arrivée»*, a déploré le vice-procureur de Nancy, en constatant l'évasion.

UN KM À PIED ÇA USE, ÇA USE... SURTOUT EN COURANT

Un km à pied ça use, ça use... surtout en courant. Fort de cette devise, vous serez attentif à vos chaussures et n'attendez pas d'avoir la semelle lisse ou le pied qui passe à travers la semelle pour en changer.
Un podologue, spécialiste de la course à pied, Gérard Soulier, propose de changer vos chaussures toutes les 150 heures. Il s'agit généralement de la durée de vie des éléments qui composent la chaussure, et tous ne sont pas visibles (qualité du gel...). Avoir de bonnes chaussures peut vous éviter des douleurs articulaires.

Conseils :

1. N'hésitez pas à investir dans une bonne paire. La qualité est souvent liée au prix.
2. Lavez-les à l'eau froide régulièrement.
3. Achetez plusieurs paires (entraînement et compétition) pour faire une rotation.
4. La paire de compétition peut être une paire de qualité supérieure à celle(s) d'entraînement.
5. Notez sur votre «coach perso», le nombre d'heures d'utilisation de vos paires.
6. Ne jetez pas les «vieilles» chaussures. Recyclez-les car si elles ne sont plus bonnes pour la course, elles peuvent vous servir pour «la ville».

5

MOIS DE : ....

DÉMARREZ AVEC LA COURSE SUR ROUTE

5km, 10km & ½ MARATHON

LA COURSE SUR ROUTE EST LA BASE DE LA COURSE À PIED. ELLE EST EN TOUT CAS LA PLUS PRATIQUÉE, AVEC UNE TRADITION RICHE ET LONGUE À TRAVERS L'HISTOIRE.

Les défis entre coureurs (avec de l'argent en jeu) étaient très populaires en Angleterre au XVIIIe siècle, dans toute l'Europe et en Amérique. Le succès du marathon aux jeux Olympiques de 1896 a aussi fait beaucoup pour le développement de cette discipline. Le premier marathon de New York, aujourd'hui l'une des courses – si ce n'est LA course – les plus populaires du monde, a eu lieu en 1896.

Depuis 30 ans, la course sur route a connu un véritable essor avec la culture du loisir et notamment celle « du corps sain dans un esprit sain ». Pour perdre du poids, pour rester en forme, pour se surpasser : les raisons de courir sont nombreuses. Pas une ville, pas un village qui n'organise sa course sur route. Marathon, semi-marathon, foulées, corrida.... Qu'importe pourvu qu'on coure !

L'offre est très variable. La distance des courses peut aller de quelques kilomètres (6 km pour la Parisienne, une épreuve réservée aux femmes) jusqu'à 100 km, voire plus. De plus en plus de courses sont organisées autour d'un thème (lutte contre le cancer du sein, marathon du Médoc...). Participer à ces épreuves exige un minimum d'équipement et de préparation. Les possibilités d'entraînement sont multiples. La fréquence des sorties ou l'intensité peuvent varier. Entraînements au seuil ou fractionné. Entraînements croisé natation, vélo ou ski...

Bref, à vous d'organiser votre programme selon vos objectifs et de l'adapter à votre niveau.

MOIS 5
SEMAINE 1

Objectifs de la semaine : ....

	Km	Tps	Km/h	Météo
L				
M				
M				
J				
V				
S				
D				

Bilan de la semaine

Kilomètres parcourus : ....

Observations générales : ....

....

....

ÉPREUVE

100 KM DE MILLAU

Célèbre épreuve appartenant à la catégorie des courses « Ultra-fond ». Le circuit comprend une première boucle « Millau-Millau » de 42,195 km permettant d'organiser un marathon. La deuxième boucle est un aller-retour entre Millau et Saint-Affrique avec un double passage sous le Viaduc de Millau. Les difficultés sont situées dans la seconde moitié, avec quatre côtes. Une de 2,6 km à 5%, une de 4 km à 4,8%, une de 7,5 km à 3,6%, pour finir une de 2 km à 5,75 % entre les kilomètres 90 et 92. Le record messieurs appartient à Jean-Marc Bellocq, vainqueur en 1990 en 6h28.

CALENDRIER NON EXHAUSTIF DES GRANDES COURSES SUR ROUTE (HORS MARATHON)

Mais des centaines de courses sont organisées dans toute la France toute l'année. Renseignez-vous.

MARS	→1/2 MARATHON DE PARIS
AVRIL	→HUMARATHON À VITRY/SEINE (1/2 MARATHON & 10 KM) →LA GRIMPETTE DU LAC DU BOURGET (15 KM)
JUIN	→SEMI-MARATHON DE CANCALE-ST-MALO →MARVEJOLS-MENDE (22 KM) →LA PARISIENNE (6 KM) (RÉSERVÉE AUX FEMMES) →LES FOULÉES DE BERNY/AISNE (15 KM)
JUILLET	→PARIS-VERSAILLES (16 KM)
SEPTEMBRE	→ODYSSÉA/CHÂTEAU DE VINCENNES (10 KM - INTÉGRALITÉ DU DROIT D'INSCRIPTION REVERSÉE À LA LUTTE CONTRE LE CANCER DU SEIN) →LES 20 KM DE PARIS →100 KM DE MILLAU →COURSE DES VOLCANS/CLERMONT-FERRAND (25 KM)
OCTOBRE	→MARSEILLE-CASSIS (1/2 MARATHON)
NOVEMBRE	→1/2 MARATHON DE LA ROCHELLE
DÉCEMBRE	→ CORRIDA D'ISSY-LES-MOULINEAUX (10 KM)

MOIS 5
SEMAINE 2

Objectifs de la semaine : ....

	Km	Tps	Km/h	Météo
L				
M				
M				
J				
V				
S				
D				

Bilan de la semaine

Kilomètres parcourus : ....

Observations générales : ....

....

....

SANTÉ

AÏE, OUILLE ! **TENDINITE**

C'est une inflammation d'un tendon entraînant douleur, rougeur et gonflement du tendon. Les causes : surentraînement, mauvaises chaussures, musculation trop importante, surpoids, abus de protéines ou déshydratation. Les soins ? Repos et glace d'abord, mais aussi anti-inflammatoires et antalgiques. Une semelle peut aussi aider en cas de tendinites à répétition.

PRÉPAREZ UN 10 KM

Exemple de semaine d'entraînement pour préparer une course de 10 km le dimanche :

N'HÉSITEZ PAS À AJOUTER DES ÉTIREMENTS QUOTIDIENS

LUNDI	Entraînement «**résistance**» (fractionné ou fartlek).
MARDI	Repos.
MERCREDI	Entraînement «**endurance**», c'est-à-dire d'environ 1 heure à 75-80% de votre FCM. La durée s'ajuste selon votre niveau.
JEUDI	Repos.
VENDREDI	Entraînement «**résistance**» (fractionné ou fartlek).
SAMEDI	Repos.

Vous pouvez aussi remplacer une séances « résistance » par un autre sport (vélo, natation…). Ce qu'on appelle l'entraînement croisé (voir pages 65, 67et 95).

Objectifs de la semaine : ....

L

M

M

J

V

S

D

Km	Tps	Km/h	Météo

Bilan de la semaine

Kilomètres parcourus : ....

Observations générales : ....

....

....

EMIL ZATOPEK

Héros des JO de 1952. À 30 ans, le Tchécoslovaque gagne le 10 000 m, le 5 000 m et le marathon en une semaine. Sa femme Dana s'impose au javelot. Né en 1922 en Moravie, ce fils de menuisier quitte son usine de chaussures et intègre l'armée pour s'entraîner. Aux JO-1948, il remporte le 10 000 m, avec un tour d'avance sur tous, sauf le Français Alain Mimoun. Entre 1949 et 1955, « La Locomotive » et son style heurté enchaînent 18 records du monde. Membre du Parti communiste, il proteste contre l'intervention de l'URSS après le Printemps de Prague et perd son poste de fonctionnaire. À 45 ans, il devient mineur. En 1974, il est nommé documentaliste dans l'Administration. Il décède le 21 novembre 2000 à Prague.

FRACTIONNÉ

L'entraînement « fractionné » est une méthode d'entraînement comparable au « Fartlek » (voir page 73). Il s'agit d'alterner sur une distance identique (200 m, 400 m, 1 km...) ou un temps imposé (30 s, 1 min, 5 min...) les phases de rythme élevé (plus élevé qu'en fartlek) et celles de récupération (plus lente qu'en fartlek). Sur les phases « rythmées » (variant entre 30 secondes et 3 minutes), il convient d'approcher sa vitesse maximale d'aérobie (90% de votre FCM). La méthode permet d'améliorer l'endurance cardiovasculaire.
« L'entraînement fractionné est deux fois plus efficace que des exercices normaux, affirme le professeur Jan Helgerud, de l'Université norvégienne de sciences et de technologie. *Comparé à un sport modéré pratiqué régulièrement, comme le jogging, l'entraînement fractionné permet de doubler l'endurance, de bâtir des muscles plus forts, d'améliorer l'oxygénation de plus de 10% et la vitesse de plus de 5%. »*
Toutes les combinaisons d'exercices sont possibles. Soit vous alternez des longueurs (400 m rapides puis 400 m de récupération ou la même chose sur 1 km), soit vous effectuez des cycles temporels (5 minutes rapides puis 5 minutes de récupération). Selon votre niveau, vous répétez ces cycles autant de fois que vous le souhaitez.

→NB : pour les débutants, la phase de récupération peut se faire en marchant.

Objectifs de la semaine : ....

	Km	Tps	Km/h	Météo
L				
M				
M				
J				
V				
S				
D				

Bilan de la semaine

Kilomètres parcourus : ....

Observations générales : ....

....

....

VOTRE POIDS : ....

INSOLITE

ATTENTION AUX ERREURS

La distance d'une course sur route ne tolère pas l'à-peu-près. En avril 2010, les résultats du marathon de Linz ont été annulés car le parcours traditionnel a été amputé d'une portion de rue de 201,56 m sur ordre de la police autrichienne qui craignait que le passage des coureurs n'endommage des travaux. Mais les organisateurs ont « omis » d'ajouter cette distance à un autre endroit du tracé.

L'ENTRAÎNEMENT AU SEUIL

Il ne se pratique qu'avec un cardio-fréquencemètre. L'entraînement au seuil anaérobie (85 à 90% FCM) permet une meilleure utilisation de l'oxygène et de solliciter plus tardivement le système anaérobie. Il importe de conserver un rythme soutenu et régulier (la régularité est importante). En comparaison, on parle de 80% FCM pour courir le marathon. Plus le temps d'effort sera court et plus l'intensité s'approchera des 90% de FCM. Il s'agit de rester au seuil « de l'essoufflement et de l'asphyxie ». Et plus vous serez capable de tenir ce seuil, plus vous progresserez. Quand vous êtes au seuil, vous commencez à ressentir des difficultés pour tenir une conversation. N'oubliez jamais l'échauffement avant chaque séance « au seuil » ainsi qu'une phase de retour au calme.

SÉANCE 1 = 1 HEURE

→15 min à 70% FCM en guise d'échauffement.

→10 min à 85% minimum de votre FCM.

→10 min à 70% (endurance).

→10 min entre 85 et 90% FCM.

→15 min à 70% FCM (endurance).

SÉANCE 2 = 1 HEURE

→ 20 min d'échauffement à 70% FCM.

→ Un cycle de 6 min à 85% et 3 min à 70% à répéter trois fois.

→ 15 min à 70% pour récupérer.

VOUS POUVEZ ADAPTER LES TEMPS PROPOSÉS À VOTRE NIVEAU OU VOTRE FORME DE JOUR... MIEUX VOUS VOUS SENTEZ, PLUS VOUS POUVEZ AUGMENTER LE TEMPS COURU AU SEUIL.

6

MOIS DE : ....

ESSAYEZ LE CROSS-COUNTRY

« AH LA GADOUE, LA GADOUE, LA GADOUE » CHANTAIT JANE BIRKIN !

Le cross-country est fortement lié à ces images de chemins de labour boueux à souhait, de coureurs au maillot à manches longues maculé, aux chaussures crottées, aux sols gelés, aux mains gantées et aux bonnets, au froid...

Et pourtant, que de plaisir à parcourir l'hiver – eh oui la saison de cross s'étend de novembre à février ! – des terrains naturels, champêtres et accidentés avec une attention particulière portée sur les appuis pour éviter les trous, les racines...

C'est en 1876, en Grande-Bretagne – comme beaucoup de sports – qu'est né le cross-country. Mais c'est douze ans plus tard, en 1898, que l'on retrouve traces de la première compétition : un match Angleterre-France.

Quant au premier Championnat du monde, ou plutôt son ancêtre, il date de...1903. Les jeux Olympiques ont aussi accueilli le cross-country à trois reprises en 1912, 1920 et 1924.

Au plus haut niveau, le cross-country vit une crise avec des stars de l'endurance qui délaissent de plus en plus cette discipline exigeante pour s'enfermer dans les salles. Pour tenter de les faire revenir, les instances choisissent de plus en plus des parcours « roulants » en s'installant sur des hippodromes.

À écouter Annette Sergent, double championne du monde de la spécialité (1987 et 1989), le cross peut pourtant être une aubaine pour le joggeur. *« Le cross correspond à la saison du travail foncier, de la VMA, de la condition physique générale. Personnellement, il m'offrait des objectifs dans une saison hivernale longue, et m'aidait à me motiver pour aller à l'entraînement. Le cross permet une vraie qualité de travail, mais aussi de pouvoir s'entraîner de manière moins traumatisante que pour les compétitions en salle, puisqu'on court essentiellement sur des sols souples. Mentalement, cette discipline est excellente et formatrice : on doit sans cesse s'adapter aux changements de terrain et faire confiance à ses sensations »*, explique l'ancienne championne.

Alors plus d'hésitation, si vous voyez un cross près de chez vous, inscrivez-vous et vive la gadoue !

Objectifs de la semaine : ....

	Km	Tps	Km/h	Météo
L				
M				
M				
J				
V				
S				
D				

Bilan de la semaine

Kilomètres parcourus : ....

Observations générales : ....

....

....

KENENISA BEKELE

L'Éthiopien est certainement l'un des plus grands coureurs «de champ de labour» de l'Histoire. Non content de dominer ses rivaux sur la piste, avec 3 titres olympiques (10 000 m en 2004 et 5000 et 10 000 m en 2008), 5 titres mondiaux en plein air dont 4 consécutifs sur 10 000 m de 2003 à 2009, et les deux records du monde, Bekele compte 10 titres mondiaux en cross-country. De 2002 à 2006, il est invaincu aussi bien en courte distance qu'en longue. Cinq doublés de rang.

CALENDRIER NON EXHAUSTIF CROSS

Des dizaines de cross sont organisés.
Principaux cross au calendrier hivernal :

NOVEMBRE	→ **CROSS DE OEIRAS (PORTUGAL)** → **CROSS DE SORIA (ESPAGNE)** → **CROSS DE L'ACIER (LE FRINCKOUCKE)** → **CROSS DE VOLVIC** → **CROSS SUD OUEST (GUJAN-MESTRAS)**
DÉCEMBRE	→ **CROSS DE BRUXELLES**
JANVIER	→ **CROSS DE EDINBURGH** → **CROSS DE SÉVILLE (ESPAGNE)** → **CROSS DE BELFAST** → **CROSS OUEST-FRANCE (LE MANS)** → **CROSS DE SAN VITTORE (ITALIE)**
FÉVRIER	→ **CROSS DE CHIBA (JAPON)** → **CROSS DE DIEKIRCH (LUXEMBOURG)** → **CROSS DE FUKUOKA (JAPON)**
MARS	→ **CROSS DE L'ALGARVE (PORTUGAL)**

Objectifs de la semaine : ....

	Km	Tps	Km/h	Météo
L				
M				
M				
J				
V				
S				
D				

Bilan de la semaine

Kilomètres parcourus : ....

Observations générales : ....

....

....

AÏE, OUILLE ! **CONTRACTURE**

La contracture est la contraction exagérée d'un muscle. Plus l'effort dure, plus le muscle se raidit et une boule se ressent à la palpation. La contracture peut provenir d'une contraction réflexe visant à protéger le muscle suite à un étirement important. Mais elle peut aussi être causée par une importante fatigue musculaire, voire être la conséquence d'une lésion musculaire récente. Chaleur, repos, massages et étirements seront d'un grand secours.

ÉQUIPEMENTS

En raison de certaines spécificités liées à la saison (calendrier hivernal) et au terrain (chemins parfois boueux), le cross nécessite des équipements vestimentaires particuliers:

1. **1 T-shirt manches longues en tissu absorbant.**

2. **1 collant long,** sauf en cas de température agréable pour la saison (autour des 10°C). Sinon, il faudra vous passer des pommades chauffantes sur les jambes.

3. **1 paire de gants légers.**

4. **1 bonnet.**

5. **1 protège-cou.**

6. **1 paire de chaussures adaptées.** Des pointes si le sol est meuble ou boueux. Des chaussures de route si le sol est dur, voire gelé.

Objectifs de la semaine : ....

	Km	Tps	Km/h	Météo
L				
M				
M				
J				
V				
S				
D				

Bilan de la semaine

Kilomètres parcourus : ....

Observations générales : ....

....

....

Selon les spécialistes, il est difficile de comparer quantitativement l'apport d'une séance «vélo» avec une séance «course à pied». Pour certains, il faut ajouter 50% du «temps couru» pour trouver l'équivalent du «temps pédalé» (exemple: 1h à pied vaut 1h30 à vélo). Pour d'autres, «1 km couru équivaut à 2 km pédalés». Théories à relativiser selon le tracé, et notamment le dénivelé, de votre parcours vélo.

ENTRAÎNEMENT CROISÉ (VÉLO)

C'est la possibilité de pratiquer une autre activité physique en complément de son sport principal. L'objectif est de maintenir la motivation, en diversifiant l'entraînement, de diminuer les risques de blessures et de progresser dans sa discipline.

→ QUOI FAIRE ?

Vous pourrez par exemple inclure une séance «vélo» de 1h30, en remplacement d'une séance «endurance» de course à pied dans votre programme hebdomadaire.

- **15 min d'échauffement sur un rythme lent en moulinant pour bien chauffer les jambes.**
- **60 min environ à «votre» rythme (15-20 km) sur un parcours idéalement composé de montées et de descentes.**
- **15 min de décélération.**

→ QUAND ?

L'entraînement croisé en général, et «vélo» en particulier, est surtout profitable lors du début de la préparation pour une course ou en période de récupération. Après une course longue distance (marathon par exemple), quelques séances de vélo permettent d'améliorer la récupération en conservant un entretien physique.

→ POURQUOI ?

Faire du vélo offre de nombreux avantages:

- Développement des qualités d'aérobie, comme la course à pied.
- Élimination d'une grande partie des impacts sur les articulations (risque très faible de lésion).
- Utilisation d'une plus grande variété de muscles (quadriceps...).
- Utilisation différentes des muscles mis à contribution en courant.

Objectifs de la semaine : ....

	Km	Tps	Km/h	Météo
L				
M				
M				
J				
V				
S				
D				

Bilan de la semaine

Kilomètres parcourus : ....

Observations générales : ....

....

....

VOTRE POIDS : ....

INSOLITE

« LES FINLANDAIS VOLANTS »

La Finlande a offert à la course à pied quelques-uns des plus grands champions de son histoire. Hannes Kolehmainen, triple champion olympique en 1912 (5000, 10 000 et cross) puis en 1920 (marathon), Paavo Nurmi, 9 fois champion olympique (entre 1920 et 1928), Ville Ritola, 8 médailles olympiques dont 5 titres (entre 1924 et 1928), Lasse Viren, quadruple champion olympique (5000 et 10 000 m en 1972 puis 1976).

ENTRAÎNEMENT CROISÉ (SKI DE FOND)

Évidemment, cet entraînement « ski de fond » n'est pas offert à tous. La proximité des montagnes et la présence de la neige sont nécessaires.

→ QUOI FAIRE ?

Entre les styles « classique » et « skating » (identique au roller), préférez le classique qui ressemble beaucoup plus à la course à pied. Mouvements et efforts dans l'axe de la course.

Pour bâtir votre séance « ski de fond », vous pouvez vous baser sur vos séances « course à pied », avec une période d'échauffement de 15 min (quelques km) en début de programme et une période de retour au calme en fin de session (10-15 min).

→ POURQUOI ?

Faire du ski de fond offre de nombreux avantages :

- Une similitude de l'effort musculaire : une étude québécoise de 2007 explique que le *« ski de fond, notamment lors des montées, se compare beaucoup à la course à pied en termes d'activation musculaire. »*
- Une similitude de l'effort cardiaque : *« En moyenne, lors d'une course à pied, la fréquence cardiaque se situe autour de 85 à 90% du V02max, ce qui est similaire aux courses de ski de fond »*, poursuit la même étude. Votre entraînement se fera pratiquement tout le temps au seuil anaérobie avec une fatigue moindre qu'à pied.
- Il y a moins de traumatismes pour les articulations (genoux, chevilles) et donc moins de risques de blessures.

7

MOIS DE : ....

TESTEZ-VOUS SUR LE TRAIL

LA COURSE NATURE

LA FORÊT, LES VALLÉES, LES CHEMINS ABRITÉS, LES SENTIERS... VOILÀ LE TRAIL !

On distingue trois types de courses labellisées « Trail » : la course nature, la montagne et l'Ultra (voir par ailleurs pour ces deux dernières parties).
Un trail est une course pédestre disputée sur sentiers et chemins balisés et réalisée en autosuffisance ou en semi-autosuffisance. Lors de ces courses en semi-autosuffisance (plus nombreuses que celles en autosuffisance stricte), des ravitaillements sont prévus avec des points d'eau. Le coureur doit gérer lui-même une bonne partie de son ravitaillement (nourriture et boissons). Les distances de la « course nature » ne dépassent généralement pas 65 km.

Le trail se caractérise aussi par :
→Le revêtement : Si on retrouve parfois des courses mixtes (route/sentiers), la plupart des compétitions se déroulent sur des sentiers. Selon la Fédération française, la surface goudronnée ne doit pas excéder 15% du total de la distance.
→Le dénivelé : Sur certaines épreuves, le dénivelé peut atteindre 3 000 m + (c'est-à-dire en montée). Mais généralement, il est conseillé aux organisateurs de rester aux environs des 2 000 m +.
→Un balisage spécifique : Contrairement aux marathons (souvent urbains), où le tracé est toujours bien indiqué, ne serait-ce que par le public, le trail emprunte des chemins et nécessite donc une signalisation de la part des organisateurs.

Pour attirer le plus grand nombre, les organisateurs tracent de plus en plus de parcours « doux » sur des sentiers peu techniques, qui sont de simples déclinaisons de la course sur route. Il existe aussi un Championnat de France officiel mis en place par la Fédération française.

Objectifs de la semaine : ....

	Km	Tps	Km/h	Météo
L				
M				
M				
J				
V				
S				
D				

Bilan de la semaine

Kilomètres parcourus : ....

Observations générales : ....

....

....

JOAN BENOIT

L'Américaine Joan Benoit est la Spyridon Louis féminine. En clair, elle est la première championne olympique du marathon puisque les femmes ont dû attendre jusqu'en 1984 et les jeux Olympiques de Los Angeles pour voir le marathon ouvert pour elles aux JO. Après cet exploit, la double vainqueur du marathon de Boston (1979 et 1983) poursuivit sa carrière et, à 50 ans, elle participait toujours aux sélections olympiques tout en occupant un poste de consultante TV.

CALENDRIER DES PRINCIPALES COURSES « TRAIL » EN FRANCE

Ces épreuves sont données à titre indicatif.

JANVIER	→TRAIL BLANC DE SERRE-CHEVALIER (27 KM)
FÉVRIER	→GRUISSAN (23 ET 50 KM)
AVRIL	→TRAIL DE LA DRÔME (21 ET 42 KM)
MAI	→NIVOLET REVARD (23 ET 49 KM)
	→LOZÈRE TRAIL (22 ET 45 KM)
	→BESANÇON (28 ET 45 KM)
	→LIORAN/CANTAL (70 KM)
JUIN	→PILATRAIL (21 ET 42 KM)
	→ VALLÉE DES LACS/GÉRARDMER (57 KM)
	→ MARATHON DES BURONS (44 ET 85 KM)
	→GOLFE DU MORBIHAN (56 ET 87 KM)
AOÛT	→ VIA ROMANA/CORSE (21, 36 ET 56 KM)
SEPTEMBRE	→CÔTE D'OPALE (33 ET 55 KM)
OCTOBRE	→LES TEMPLIERS/MILLAU (40 ET 72 KM)
	→GAPEN'CIMES (50 KM)
NOVEMBRE	→SPARNATRAIL D'ÉPERNAY (30 KM)

Objectifs de la semaine : --

	Km	Tps	Km/h	Météo
L				
M				
M				
J				
V				
S				
D				

Bilan de la semaine

Kilomètres parcourus : --

Observations générales : --

CHAMPIONS

KILIAN JORNET BURGADA

Né en 1987 d'un père guide de montagne et d'une mère entraîneur dans un centre de ski de montagne, Kilian Jornet passe une partie de son enfance dans un refuge à près de 2000 m d'altitude et gravit son premier 4000 m à 6 ans. *« L'hiver, pour aller à l'école, avec ma sœur, on faisait 15 km en ski de fond »*, raconte-t-il. Des bases solides pour un palmarès hors normes : comprenant notamment le titre de champion du monde de courses de montagne (2009), vainqueur de l'Ultra-Trail du Mont-Blanc (2008 et 2009)... Ses résultats en font l'une des stars du trail, et notamment des courses en montagne.

FARTLEK

C'est un entraînement à effectuer « au feeling ». Pas de chronomètre. Pas de distance précise. On court en modifiant régulièrement l'intensité de la course. Ces séances peuvent se faire selon un schéma pré-établi ou en totale improvisation. Le but est d'alterner l'anaérobie (accélération) et l'aérobie (récupération).

Pour le Fartlek (nom étrange d'origine suédoise qui signifie « jeu de vitesse »), l'idéal est de courir sur un terrain naturellement accidenté. Vous pourrez ainsi adapter vos phases d'accélération et de récupération au relief (montée, descente). En ville, utilisez le mobilier urbain (lampadaires, bancs, arbres, voitures....) comme point de mire. N'oubliez jamais de vous échauffer.

EXERCICES :

1 ENTRAÎNEMENT DEMI-FOND COURT OU SPRINT LONG (400 M, 800 M ET 1500 M)

→ Des phases d'accélération intense (max 1 minute) suivies de périodes de récupération de 20 s à 1 minute en trottinant.

2 ENTRAÎNEMENT DEMI-FOND LONG (3000 M ET 5000 M)

→ Des phases d'effort intense (max 1 minute) puis récupération de 30 s à 2 minutes mais avec une vitesse relativement élevée.

3 ENTRAÎNEMENT FOND (10 000 M ET AU-DELÀ)

→ Des exercices d'accélération-repos alternés sur des phases de 30 s à 3 minutes, avec une vitesse de récupération assez élevée.

→ Plus vous progresserez, plus vous augmenterez les distances d'accélération et réduirez les distances de récupération.

Objectifs de la semaine : ....

	Km	Tps	Km/h	Météo
L				
M				
M				
J				
V				
S				
D				

Bilan de la semaine

Kilomètres parcourus : ....

Observations générales : ....

....

....

ÉPREUVE

L'EKIDEN

L'ekiden est un relais sur route qui a commencé à se développer dans les années 1990. Cette épreuve d'origine japonaise consiste en une succession de 6 relayeurs, qui doivent au total parcourir un marathon. Chaque relayeur parcourt une distance imposée dans l'ordre suivant: 5, 10, 5, 10, 5 et 7,195 km. Aucune grande compétition internationale (JO...) ne programme l'ekiden, mais de nombreuses villes organisent cette épreuve.

ÉQUIPEMENTS SPÉCIFIQUES POUR LES COURSES «TRAIL»

1 **Une paire de chaussures «spéciale trail».** Plus lourdes que pour la route et avec des semelles plus épaisses (pour encaisser les variations de terrain, comme les cailloux) et antidérapantes avec des crampons.

2 **Un maillot à manches longues.** Une bonne astuce peut être de porter un maillot comme ceux utilisés par les cyclistes, avec des poches à l'arrière pour pouvoir mettre un bidon, des barres énergétiques, des papiers, des clefs...

3 Un vêtement imperméable de pluie et **coupe-vent.**

4 **Une casquette** légère ou **un bonnet** selon la saison.

5 **Une paire de gants fins** (en soie) si vous trouvez la température trop fraîche.

6 **Un petit sac à dos**, spécifiquement adapté à la course à pied, pour ranger les vêtements supplémentaires car le temps peut varier rapidement, et quelques équipements utiles.

7 En cas de course nocturne (ou de départ matinal), **une lampe de poche** (frontale de préférence) et **une couverture de survie** peuvent être recommandées.

Objectifs de la semaine : ....

	Km	Tps	Km/h	Météo
L				
M				
M				
J				
V				
S				
D				

Bilan de la semaine

Kilomètres parcourus : ....

Observations générales : ....

....

....

VOTRE POIDS : ....

ÉPREUVE

MARATHON DU MÉDOC

Depuis 1984, les assoiffés de course à pied se retrouvent en septembre dans les vignes de la région de Pauillac. Au menu, 42,195 km à travers les châteaux viticoles mais pas seulement... En plus des ravitaillements classiques (eau, orange, fruits secs...), les participants peuvent aussi profiter de 21 ravitaillements « dégustation », avec jambon, huîtres, fromages et, bien sûr, de grands crus à déguster avec modération. Pour les vainqueurs, pas de chèque mais leur poids en grands crus... du Médoc.

EXEMPLE D'ENTRAÎNEMENT DANS LA SEMAINE PRÉCÉDANT UN TRAIL

Exemple de semaine d'entraînement pour préparer une course de 10 km le dimanche :

N'HÉSITEZ PAS À AJOUTER DES ÉTIREMENTS QUOTIDIENS

LUNDI	1 séance de **résistance** (entre 30 et 45 minutes).
MARDI	Repos.
MERCREDI	1 séance de **résistance** (1h environ).
JEUDI	Repos.
VENDREDI	1 séance comprise entre 30 et 45 minutes à un rythme inférieur à celui que vous aurez en course.
SAMEDI	Repos.

8

MOIS DE : ....

CHANGEZ D'AIR AVEC LA MONTAGNE

IL EST LOIN LE TEMPS OÙ COURIR EN MONTAGNE ÉTAIT UNE QUESTION DE SURVIE EN MILIEU HOSTILE.

La course en montagne est aujourd'hui une vraie spécialité de l'athlétisme. La météo en altitude (Alpes, Pyrénées, Massif central) impose un calendrier exclusivement estival.
Les contraintes sont les mêmes que la course sur route... à une exception près : le terrain. En effet, le dénivelé peut atteindre 1500 m + (c'est-à-dire en montée) et oblige les amateurs à des entraînement spécifiques.
Courir en montée et en descente s'apprend et se travaille car les muscles des membres inférieurs sont sollicités de façon bien différente que pour la course sur route. Les quadriceps, notamment, nécessiteront une attention toute particulière lors de la préparation. Intégrer de la musculation classique (en salle avec de la fonte à soulever) pourra aussi être nécessaire. Il faudra également aborder le travail spécifique « montée » très progressivement lors de la préparation, en accentuant la difficulté au fur et à mesure des semaines.
Cette discipline a mis du temps à obtenir sa reconnaissance auprès des instances officielles de l'athlétisme. Ce n'est qu'en 2002 que la Fédération internationale d'athlétisme (IAAF) a intégré ce sport dans la « famille ». Les épreuves « montagne » reçoivent ce label à partir du moment où elles présentent un minimum de dénivelé de 500m et un écart minimum entre le point le plus bas et le point le plus haut de 300 mètres. La durée des courses n'excède généralement pas 1h15 (pour les meilleurs).
Enfin, que ceux qui auraient peur du vide se rassurent ! Les parcours évitent systématiquement tout passage dangereux ou les sols instables.
Julien Rancon, ancien espoir des courses de fond sur route devenu l'un des meilleurs Français de la grimpette, raconte son plaisir en altitude : *« J'aime le côté nature de cette discipline, le fait qu'on se retrouve à courir non pas contre des adversaires mais contre la montagne elle-même. Il y a du coup une vraie solidarité et nous sommes tous amis. »*
Alors, si vous passez par des sommets sans neige et que vous avez vos chaussures avec vous...

Objectifs de la semaine : --

		Km	Tps	Km/h	Météo
L					
M					
M					
J					
V					
S					
D					

Bilan de la semaine

Kilomètres parcourus : --

Observations générales : --

CONSEIL

BUDGET

Le budget pour participer à un marathon peut monter très rapidement. Hormis les frais possibles de déplacement, d'hébergement ou de nourriture, les droits d'inscription varient. À Paris, il faut compter entre 58 et 90 € (prix 2010), selon la date à laquelle vous vous inscrivez, à Lyon, entre 35 et 42€, à New York 230€ (uniquement pour le dossard).

CALENDRIER DES PRINCIPALES COURSES DE « MONTAGNE »

Pour d'évidentes raisons météo, le calendrier des courses «Montagne» est réparti entre les mois de mai et août. Voici les principales épreuves en France :

MAI	→ **L'ASCENSION DU COL DE VENCE (06)**
	→ **LA MONTÉE DU GRAND BALLON À WILLER-SUR-THUR (68)**
	→ **LA GRIMPÉE DU SEMNOZ À QUINTAL (74)**
JUIN	→ **LA CRÉMAILLÈRE À LUCHON-SUPERBAGNÈRES (31)**
JUILET	→ **LES CRÊTES DU SOULOR À ARRENS MARSOUS (65)**
	→ **LA MONTÉE DU NID D'AIGLE À ST GERVAIS (74)**
	→ **LA COURSE DE LA MADELEINE À TARDETS (64)**
	→ **LA GRIMPÉE DU MONTONCEL À LAVOINE (03)**
AOÛT	→ **CROSS DES CRÊTES À MEGÈVE (74)**
	→ **« COURCHE À PIED » À COURCHEVEL 1650 (73)**
	→ **LA MONTÉE DE L'AUBISQUE À LARUNS (64)**

Objectifs de la semaine : ....

	Km	Tps	Km/h	Météo
L				
M				
M				
J				
V				
S				
D				

Bilan de la semaine

Kilomètres parcourus : ....

Observations générales : ....

....

....

CHAMPIONS

PAULA RADCLIFFE

La Britannique débute en cross. Très vite, sa polyvalence gonfle son palmarès. Championne du monde de cross (2002) et du semi-marathon (2000, 2001, 2003), championne d'Europe du 10 000 m (2002), la grande blonde à la tête dodelinante se tourne vers le marathon et enchaîne les succès, à Londres (2002, 2003 et 2005), New York (2004, 2007 et 2008) et Chicago (2002). La détentrice du record du monde depuis Londres en 2003 (2h15:25) trouve aussi le temps de donner naissance à une fille (janvier 2007). En 2010, elle est de nouveau enceinte mais rêve d'un sacre olympique chez elle, à Londres, en 2012.

CONSEILS D'ENTRAÎNEMENTS SPÉCIFIQUES

1. **MUSCLEZ VOS MEMBRES INFÉRIEURS ET NOTAMMENT LES QUADRICEPS, QUI SERONT ÉNORMÉMENT SOLLICITÉS.**
2. **EN MONTAGNE, LES INDICATIONS DE DISTANCE PEUVENT ÊTRE TRÈS RELATIVES. MÊME EN COMPÉTITION, LA MARGE D'ERREUR PEUT ALLER JUSQU'À 20%.**
3. **FAITES DES SORTIES SUR TERRAIN PLAT (VOIRE ROUTE) POUR PROGRESSER EN ENDURANCE.**
4. **ACCENTUEZ PROGRESSIVEMENT LA DIFFICULTÉ DES PENTES. COMMENCEZ PAR DES CÔTES, PUIS DES COLLINES, DES COLS...**
5. **FAITES DES PARCOURS EN « MONTAGNES RUSSES ».**
6. **FAITES DES ENTRAÎNEMENTS UNIQUEMENT CONSACRÉS AUX EXERCICES DE FRACTIONNÉS EN CÔTE.**
7. **ACCLIMATEZ-VOUS À L'ALTITUDE SI LA COURSE SE DÉROULE À PLUS DE 1500 M.**

MOIS 8
SEMAINE 3

Objectifs de la semaine : ....

L ______________________________

M ______________________________

M ______________________________

J ______________________________

V ______________________________

S ______________________________

D ______________________________

Km	Tps	Km/h	Météo

Bilan de la semaine

Kilomètres parcourus : ....

Observations générales : ....

....

....

HAILE GEBRESELASSIE

Le petit Éthiopien au sourire perpétuel est l'un des plus grands coureurs de l'Histoire. Double champion olympique du 10 000 m en 1996, à Atlanta, puis en 2000 à Sydney, « Gebre » a écrasé les épreuves de fond pendant une décennie avec les records du monde du 5000 m et du 10 000 m et 8 titres mondiaux. En fin de carrière, il a choisi de se consacrer aux épreuves sur route. Bingo ! Il possède les deux meilleurs chronos de l'histoire sur marathon, avec le record du monde établi en 2007, à Berlin (2h04 min 26), puis amélioré un an plus tard, toujours dans la capitale allemande (2h03 min 59).

CONSEILS TECHNIQUES POUR COURIR EN MONTANT

1. RACCOURCISSEZ LES FOULÉES EN POUSSANT PLUS SUR LE PIED.
2. RESTEZ DROIT (EN VOUS PENCHANT VERS L'AVANT, VOUS RISQUEZ DE BLOQUER LA CAGE THORACIQUE ET DONC VOTRE RESPIRATION).
3. QUAND LA PENTE AUGMENTE (PLUS DE 10%), N'HÉSITEZ PAS À MARCHER. C'EST MOINS EXIGEANT MUSCULAIREMENT ET VOUS NE PERDREZ PAS TANT DE TEMPS QUE CELA. VOUS SEREZ PLUS FRAIS POUR REPARTIR LORSQUE LE TERRAIN SERA MOINS RAIDE.
4. VOUS POUVEZ AUSSI VOUS AIDER EN POSANT LES MAINS JUSTE AU-DESSUS DES GENOUX ET EN POUSSANT.
5. CERTAINES COURSES DE MONTAGNE AUTORISENT L'UTILISATION DE BÂTONS. LES BÂTONS TÉLESCOPIQUES SONT ALORS PARFAITS CAR LÉGERS ET RÉTRACTABLES.

Objectifs de la semaine : ....

	Km	Tps	Km/h	Météo
L				
M				
M				
J				
V				
S				
D				

Bilan de la semaine

Kilomètres parcourus : ....

Observations générales : ....

....

....

VOTRE POIDS : ....

INSOLITE

OUI!

Selon une étude menée en Suède en 2010, une Suédoise sur trois préfère pratiquer la course à pied plutôt que... le sexe pour avoir du plaisir à coup sûr. Réalisée auprès de 1774 femmes âgées entre 15 et 60 ans, cette étude montre qu'elles passent autant de temps à courir qu'à avoir des relations sexuelles. Ce qui plairait aux Suédoises dans le footing, c'est l'assurance d'une satisfaction rapide: pratiquer une activité physique libère de la dopamine, la molécule du plaisir. La seule chose plus importante que le jogging aux yeux des sondées est... le travail.

CONSEILS TECHNIQUES POUR COURIR EN DESCENDANT

1. ÉVITEZ D'ALLONGER VOTRE FOULÉE QUAND LA PENTE AUGMENTE. VOUS RISQUEZ DE NE PLUS MAÎTRISER VOTRE VITESSE ET DONC DE PERDRE DE L'EFFICACITÉ, VOIRE DE VOUS BLESSER.

2. RELÂCHEZ BIEN LE HAUT DU CORPS ET VOUS PENCHANT LÉGÈREMENT VERS L'AVANT.

3. DÉCOLLEZ LÉGÈREMENT VOS BRAS DU CORPS POUR RÉÉQUILIBRER LE CORPS.

4. COUREZ PLUS SUR L'AVANT DU PIED.

5. NE SOYEZ JAMAIS AU MAXIMUM DE VOTRE VITESSE. AU CONTRAIRE, PROFITEZ DE CES MOMENTS POUR RÉCUPÉRER. SURTOUT SI UNE MONTÉE APPROCHE.

9

MOIS DE : ....

DÉPASSEZ-VOUS AVEC L'ULTRA

LA COURSE À L'EXTRÊME

L'ULTRA, C'EST EXTRA !

Un marathon c'est bien trop court pour vous ? Pas de problème, lancez-vous dans l'ultra ! En clair, toutes les épreuves supérieures à 42,195 km. C'est dans les années 1980 que quelques fondus d'ultra-marathon ont décidé de structurer leur passion en créant une Fédération, aujourd'hui affilié à la Fédération internationale d'athlétisme (IAAF).

Les épreuves d'ultra peuvent prendre deux formes : soit il s'agit d'une distance à parcourir le plus vite possible (ex : 100 km), soit d'un temps à courir en faisant la plus longue distance possible (ex : 6h, 24 h, 6 jours).

Pour réussir (ou au moins prendre du plaisir car, oui c'est possible !), il vous faudra faire preuve de détermination et de dévouement. Ces deux ingrédients vous seront plus que nécessaires pour supporter les heures d'entraînement (pas fondamentalement différents des entraînements marathon mais plus longs), les moments de souffrance, et pour pouvoir repousser ses propres limites physiques et psychologiques. Il ne faut pas oublier que la plupart de ces épreuves au long cours se font en autosuffisance, c'est-à-dire qu'il faut prévoir l'alimentation mais aussi anticiper la météo.

Évidemment, le suivi médical doit être très pointu et préventif. Un « ultrafondeur » peut être confronté à des problèmes spécifiques (défaillances métaboliques musculaires, rénales, circulatoires ou cardiaques). La déshydratation est aussi un phénomène dont il faut tenir compte. Et enfin, encore plus que pour tout autre discipline, les pieds doivent être traités avec une attention particulière. Dernier détail pour illustrer la difficulté de l'ultra, les experts considèrent qu'un athlète d'ultra doit être traité comme un « blessé » à l'arrivée d'une course.

En France, le nombre de pratiquants s'élève à quelques milliers.

Qui sont-ils ? *« Pour les 100 km, certains ont eu des carrières athlétiques classiques : piste, cross, marathon. D'autres sont venus directement sur le 100 km »*, explique Bernard Pelletier, ancien référent de l'ultra à la Fédération française d'athlétisme.

« J'ai découvert le 100 km par hasard, en 2004, en remportant la course des championnats de France, où j'étais juste censé aider un copain, raconte Yannick Djouadi, champion du monde 2006 du 100 km et ancien cycliste de haut niveau. *Mais je crois que c'est exactement la distance qui me convenait. Mon organisme s'y adapte, et ma foulée est naturellement rasante. Le cyclisme m'a permis de développer mon endurance. Les cyclistes ont souvent du mal à courir, mais j'étais sans doute fait pour ça. »*

L'une des courses d'ultra les plus populaires est le « marathon des sables » dans le désert marocain. En mars, quelques amoureux des grands espaces se retrouvent pour 6 étapes comprises entre 20 et 80 km par jour pour un total de 250 km.

Si vous aimez les défis, le record du monde du 100 km est la propriété, depuis 1998, du Japonais Takahiro Sunada (6h13 min 33) et celui des 24 h sur route appartient à l'Australien Yiannis Kouros (290,221 km).

Objectifs de la semaine : ....

	Km	Tps	Km/h	Météo
L				
M				
M				
J				
V				
S				
D				

Bilan de la semaine

Kilomètres parcourus : ....

Observations générales : ....

....

....

DERARTU TULU

L'Éthiopienne a écrit une page d'histoire de son sport en devenant la première femme africaine noire championne olympique. C'est en 1992 aux JO de Barcelone. L'image de l'arrivée de ce 10 000 m a aussi frappé les esprits puisqu'elle attend sa dauphine Elena Meyer, une Sud-Africaine blanche. Les deux femmes effectuent ensemble le tour d'honneur avec les deux drapeaux entremêlés. Autre première pour l'Éthiopienne lorsqu'elle remporte un nouveau titre olympique sur 10 000 m en 2000.

CALENDRIER DES PRINCIPALES COURSES DE « ULTRA » EN FRANCE

Ces épreuves sont données à titre indicatif.

MARS	→ ÉCO-TRAIL DE PARIS (80 KM)
AVRIL	→ MARATHON DES SABLES (MAROC) → 100 KM DE BELVÈS (DORDOGNE)
MAI	→ 48 HEURES DE SURGÈRES (CHARENTE-MARITIME) → 24 HEURES DE BRIVE
JUIN	→ ULTRA-TRAIL DU MORBIHAN (177 KM) → 24 HEURES D'AULNAT (PUY-DE-DÔME) → MARATHON DES BURONS/NASBINALS-LOZÈRE (85 KM)
JUILLET	→ MONT-JOLY ULTRA-TOUR (120 KM)
SEPTEMBRE	→ ULTRA-TRAIL DU SANCY/AUVERGNE (80 KM)
OCTOBRE	→ LE FESTIVAL DES TEMPLIERS/AVEYRON (120 KM)

Objectifs de la semaine : ....

	Km	Tps	Km/h	Météo
L				
M				
M				
J				
V				
S				
D				

Bilan de la semaine

Kilomètres parcourus : ....

Observations générales : ....

....

....

INSOLITE

IL PLEUT, IL MOUILLE

La course «nature», qui plus est «montagne», est conditionnée par la météo. Il arrive que Dame Nature dicte sa loi. Fin août 2010, la 8e édition de l'Ultra-Trail, course redoutée consistant à faire le tour du Mont-Blanc (166 km et 9500 m de dénivelé), a été annulée peu après le départ. Vent, pluie, terrain devenu dangereux et concurrents coincés dans les refuges ont mis fin aux rêves. «*Les aléas de la météo font partie de la course. Ce n'est pas à la montagne de s'adapter à nous, mais à nous de nous adapter à elle*», a philosophé l'Espagnol Kilian Jornet.

ÉCO-TRAIL DE PARIS ÎLE-DE-FRANCE

L'Éco-Trail de Paris Île-de-France est la première course nature pour Paris et sa proche banlieue, mettant en valeur le milieu naturel et culturel de la région. L'objectif de cette épreuve, créée en 2008, est de proposer de véritables courses nature, à proximité immédiate de la capitale, tout en mettant en valeur le développement durable par le biais d'une charte éthique. Les différentes courses sont essentiellement tracées dans les bois, les forêts, les parcs et toutes convergent vers la Tour Eiffel.

Les rendez-vous de l'Éco-Trail, organisé au mois de mars :

→80 km : La course phare de ce rendez-vous. De la base de loisirs de Saint-Quentin en Yvelines, en passant notamment par la forêt de Versailles, la forêt de Meudon, le Domaine de l'Observatoire de Meudon, le Domaine de St-Cloud, l'Ile Saint-Germain, les quais de Seine avec une arrivée située, en soirée, au 1er étage de la Tour Eiffel.

→50 km : Empruntant pour moitié le même parcours que le Trail 80 km, le parcours est à 90% tracé sur des chemins et sentiers des forêts de l'Ouest parisien (Versailles, Meudon…) pour une arrivée au pied de Tour Eiffel.

→18 km : En marge des longues distances (80 km et 50 km), le 18km «Twinsanté» est une épreuve qui se dispute à deux non chronométrés et ouverte à tous à allure libre. Le départ se fait au Domaine de St-Cloud et l'arrivée à la Tour Eiffel.

→Les randonnées : Dans le cadre de cette manifestation, cinq randonnées sont organisées. «Le Paris mythique» (7 km) à la découverte des monuments de la capitale, «Les sentiers verts» (18 km) au départ du château de Versailles, la «découverte de la marche nordique» (20 km) dans les Hauts-de-Seine, «Le Chemin de l'eau» (21 km) depuis la basilique de Saint-Denis et «La promenade exotique» (14 km) qui part du château de Vincennes.

Objectifs de la semaine : ....

	Km	Tps	Km/h	Météo
L				
M				
M				
J				
V				
S				
D				

Bilan de la semaine

Kilomètres parcourus : ....

Observations générales : ....

....

....

L'ULTRA-FOU

Serge Girard, un ultra-fondeur français, a battu le record du monde de la distance parcourue sans jour de repos. À son arrivée à Paris le 17 octobre 2010, après un an et 25 pays traversés, l'homme de 56 ans avait parcouru 27 011,88 km en un an. Cette distance représente 74 km par jour en moyenne, soit plus de 640 marathons. Interrogé, Serge Girard, qui a perdu dans cette épreuve 11,5 kg et ne pesait plus à son arrivée que 51,9 kg pour 1,77 m, a cité Michel Audiard : *« Bienheureux sont les fêlés, car eux seuls laissent passer la lumière. »*

ENTRAÎNEMENT CROISÉ (NATATION)

La natation est une très bonne forme d'entraînement croisé qui permet un bon travail cardio-vasculaire sans le moindre stress musculaire ou articulaire. Il faut bien sûr un certain niveau technique. La natation utilise moins les grands groupes musculaires des jambes. C'est un très bon moyen d'augmenter vos capacités cardio-vasculaires sans accroître le risque de blessure. Le crawl ou le dos sont les deux styles de nage fortement recommandés. La brasse est plus traumatisante pour les genoux. Pour être efficace, il faut toutefois avoir une bonne technique. La technique est l'un des principaux facteurs limitant en natation. N'hésitez pas à prendre des cours de crawl de perfectionnement. Les séances de natation peuvent se faire hors période de compétition ou lors des périodes foncières. En phase de récupération aussi, la natation offre de nombreux avantages. Les battements de jambes avec ou sans palme assouplissent les chevilles, assez raides chez le coureur.

DEUX TYPES D'ENTRAÎNEMENT NATATION

→ Environ 1 h en alternant 2 nages pour les débutants et pour les confirmés
Échauffement libre puis 10 à 12 fois 150 m (50 m accéléré + 100 m nage libre souple). Retour au calme par 200 m « souple ».

→ 1 h environ en alternant 2 nages pour les débutants et pour les confirmés.
Échauffement libre, puis 15 fois 100 m (alternez 100 m souple et 50 m rapide + 50 m souple). Retour au calme par 200 m « souple ».

NB : ne pas hésiter à utiliser un « pull boy » (une planche).

Objectifs de la semaine : --

	Km	Tps	Km/h	Météo
L				
M				
M				
J				
V				
S				
D				

Bilan de la semaine

Kilomètres parcourus : --

Observations générales : --

VOTRE POIDS : ----------

ÉPREUVE

EVEREST !

Chaque année, le 29 mai, se tient le plus haut marathon du monde, sur les pentes de l'Everest, celles foulées pour la première fois par Edmund Hillary et Sherpa Tenzing Norgay le 29 mai 1953. Le marathon «Tenzing-Hillary» commémore cette première ascension du «Toit du monde». Un peu plus d'une centaine de coureurs participent à cette course qui s'élance de Gorak Shep, près du camp de base de l'Everest à 5356 m, pour finir environ 2000 m plus bas, après 42,195 km sur des sentiers de montagne escarpés.

SURENTRAÎNEMENT

Le surentraînement est le stade ultime de l'excès d'entraînement et de la fatigue qui en découle. Il se caractérise par une baisse des performances en compétition, l'incapacité de maintenir les charges d'entraînement, une fatigue persistante avec des soucis inhabituels de récupération, des problèmes de santé permanents (rhume, angine...) et une perturbation du sommeil et de l'humeur. Selon une étude parue en 1999, 65% des athlètes d'endurance seront affectés par ce phénomène au cours de leur carrière. *« Le surentraînement est plus facilement détecté par une diminution de la performance sportive et des altérations de l'humeur que par des changements des fonctions immunitaires et physiologiques. »* RJ Shephard, professeur de biologie et de physiologie.

QUELLES SONT LES CAUSES ?

- Charge d'entraînement excessive avec une récupération insuffisante.
- Uniformité des entraînements (charge et type d'entraînement).
- Abus de compétition.
- Mauvaise nutrition.
- Stress.

COMMENT PRÉVENIR ?

- Effectuez un suivi régulier des performances pour répérer toute baisse significative mais aussi un suivi des fréquences cardiaques maximale. Une baisse de la FCM est un signe.
- Programmez des entraînements adaptés à votre niveau en les optimisant et en les personnalisant.
- Augmentez progressivement la fréquence et la charge des entraînements.
- Soyez à l'écoute de votre corps.

COMMENT SOIGNER ?

Le surentraînement se soigne essentiellement par le repos. Il faut s'octroyer une réduction significative de l'entraînement pendant plusieurs semaines, en débutant par une semaine de repos complet. Ensuite, il faut une reprise progressive avant d'envisager un «retour à la normale» après environ 8 semaines.

10

MOIS DE : ....

MAÎTRISEZ VOS TEMPS DE PASSAGE

T/Km	V Km/H	5km	10km	semi	30km	35km	42.195km
7'50"	7.66	39'10"	1h18'20"	2h45'15"	3h55'00"	4h34'10"	**5h30'31"**
7'40"	7.83	38'20"	1h16'40"	2h41'44"	3h50'00"	4h28'20"	**5h23'29"**
7'30"	8.00	37'30"	1h15'00"	2h38'13"	3h45'00"	4h22'30"	**5h16'27"**
7'20"	8.18	36'40"	1h13'20"	2h34'42"	3h40'00"	4h16'40"	**5h09'25"**
7'15"	8.28	36'15"	1h12'30"	2h32'57"	3h37'30"	4h13'45"	**5h05'54"**
7'10"	8.37	35'50"	1h11'40"	2h31'11"	3h35'00"	4h10'50"	**5h02'23"**
7'05"	8.47	35'25"	1h10'50"	2h29'26"	3h32'30"	4h07'55"	**4h58'52"**
7'00"	8.57	35'00"	1h10'00"	2h27'40"	3h30'00"	4h05'00"	**4h55'21"**
6'55"	8.67	34'35"	1h09'10"	2h25'55"	3h27'30"	4h02'05"	**4h51'50"**
6'50"	8.78	34'10"	1h08'20"	2h24'09"	3h25'00"	3h59'10"	**4h48'19"**
6'40"	9.00	33'20"	1h06'40"	2h20'38"	3h20'00"	3h53'20"	**4h41'18"**
6'30"	9.23	32'30"	1h05'00"	2h17'07"	3h15'00"	3h47'30"	**4h34'16"**
6'20"	9.47	31'40"	1h03'20"	2h13'36"	3h10'00"	3h41'40"	**4h27'14"**
6'15"	9.60	31'15"	1h02'30"	2h11'51"	3h07'30"	3h38'45"	**4h23'43"**
6'10"	9.73	30'50"	1h01'40"	2h10'05"	3h05'00"	3h35'50"	**4h20'12"**
6'05"	9.86	30'25"	1h00'50"	2h08'20"	3h02'30"	3h32'55"	**4h16'41"**
6'00"	10.00	30'00"	1h00'00"	2h06'34"	3h00'00"	3h30'00"	**4h13'10"**
5'55"	10.14	29'35"	59'10"	2h04'49"	2h57'30"	3h27'05"	**4h09'39"**
5'50"	10.29	29'10"	58'20"	2h03'03"	2h55'00"	3h24'10"	**4h06'08"**
5'40"	10.59	28'20"	56'40"	1h59'32"	2h50'00"	3h18'20"	**3h59'06"**
5'30"	10.91	27'30"	55'00"	1h56'02"	2h45'00"	3h12'30"	**3h52'04"**
5'20"	11.25	26'40"	53'20"	1h52'31"	2h40'00"	3h06'40"	**3h45'02"**
5'15"	11.43	26'15"	52'30"	1h50'45"	2h37'30"	3h03'45"	**3h41'31"**
5'10"	11.61	25'50"	51'40"	1h49'00"	2h35'00"	3h00'50"	**3h38'00"**
5'05"	11.80	25'25"	50'50"	1h47'14"	2h32'30"	2h57'55"	**3h34'29"**
5'00"	12.00	25'00"	50'00"	1h45'29"	2h30'00"	2h55'00"	**3h30'58"**
4'50"	12.41	24'10"	48'20"	1h41'58"	2h25'00"	2h49'10"	**3h23'56"**
4'45"	12.63	23'45"	47'30"	1h40'12"	2h22'30"	2h46'15"	**3h20'25"**
4'40"	12.86	23'20"	46'40"	1h38'27"	2h20'00"	2h43'20"	**3h16'54"**
4'30"	13.33	22'30"	45'00"	1h34'56"	2h15'00"	2h37'30"	**3h09'52"**
4'20"	13.85	21'40"	43'20"	1h31'25"	2h10'00"	2h31'40"	**3h02'50"**
4'15"	14.12	21'15"	42'30"	1h29'39"	2h07'30"	2h28'45"	**2h59'19"**
4'10"	14.40	20'50"	41'40"	1h27'54"	2h05'00"	2h25'50"	**2h55'48"**
4'05"	14.69	20'25"	40'50"	1h26'08"	2h02'30"	2h22'55"	**2h52'17"**
4'00"	15.00	20'00"	40'00"	1h24'23"	2h00'00"	2h20'00"	**2h48'46"**
3'50"	15.65	19'10"	38'20"	1h20'52"	1h55'00"	2h14'10"	**2h41'44"**
3'45"	16.00	18'45"	37'30"	1h19'06"	1h52'30"	2h11'15"	**2h38'13"**
3'40"	16.36	18'20"	36'40"	1h17'21"	1h50'00"	2h08'20"	**2h34'42"**
3'30"	17.14	17'30"	35'00"	1h13'50"	1h45'00"	2h02'30"	**2h27'40"**
3'20"	18.00	16'40"	33'20"	1h10'19"	1h40'00"	1h56'40"	**2h20'39"**
3'15"	18.46	16'15"	32'30"	1h08'33"	1h37'30"	1h53'45"	**2h17'08"**
3'10"	18.95	15'50"	31'40"	1h06'48"	1h35'00"	1h50'50"	**2h13'37"**
3'05"	19.46	15'25"	30'50"	1h05'02"	1h32'30"	1h47'55"	**2h10'06"**
3'00"	20.00	15'00"	30'00"	1h03'17"	1h30'00"	1h45'00"	**2h06'35"**

Objectifs de la semaine : ....

	Km	Tps	Km/h	Météo
L				
M				
M				
J				
V				
S				
D				

Bilan de la semaine

Kilomètres parcourus : ....

Observations générales : ....

....

....

À QUAND LE MARATHON EN MOINS DE DEUX HEURES ?

Les experts et les scientifiques se penchent depuis de nombreuses années sur ce sujet. Les scientifiques se basant sur le potentiel humain et l'histoire des records estiment que les 42,195 km seront avalés en moins de deux heures en 2021 (selon la progression du record depuis 1960) ou en 2035 (selon la progression depuis 1980). Les spécialistes voient plutôt l'horizon 2090 car, disent-ils, les athlètes atteignent actuellement des sommets dans la préparation.

NEGATIV OU POSITIV SPLIT ?

Vous courez en negativ split lorsque la seconde moitié de votre course est plus rapide que la première. Les athlètes de haut niveau courent systématiquement (ou presque) en negativ split. Ainsi, l'Éthiopien Haile Gebreselassie a établi le record du monde du marathon (2h03:59) en avalant le premier semi en 1h02:05 et le second en 1h01:54. Mais attention, le negativ split est généralement l'apanage des très bons, préparés pour cela. Les amateurs se contentent souvent de « gérer » la seconde moitié de course. Mais rien ne vous empêche d'essayer.

Notez vos résultats en compétition ou à l'entraînement :

DATE	COURSE	Tps 1ère moitié	Tps 2ème moitié	N ou P

Objectifs de la semaine : ....

	Km	Tps	Km/h	Météo
L				
M				
M				
J				
V				
S				
D				

Bilan de la semaine

Kilomètres parcourus : ....

Observations générales : ....

....

....

VANDERLEI DE LIMA

Aux JO-2004 d'Athènes, Vanderlei de Lima était en tête du marathon à un peu plus de 6 km de l'arrivée, prévue dans le magnifique stade antique, avec près de 50 secondes d'avance. Mais le Brésilien est agressé par un déséquilibré, un ancien prêtre irlandais. Le temps de retrouver ses esprits et son allure, Lima a laissé filer l'Italien Stefano Baldini. Finalement, le Brésilien remporte la médaille de bronze et devient un héros à son retour au pays.

LA TECHNIQUE DU SAUCISSONNAGE

Si vous êtes novice (ou presque) sur une distance, il peut être utile de « sectionner » votre course en fixant vos propres temps de passage. Grâce aux repères pris lors des entraînements ou des expériences précédentes, établissez des objectifs (un temps au kilomètre ou par tranche de 5 km par exemple). Cela vous aidera à gérer votre course mais aussi à ne pas « penser trop loin ». Vous pouvez très bien glisser une « antisèche » dans une poche.

Objectifs de la semaine : ....

		Km	Tps	Km/h	Météo
L					
M					
M					
J					
V					
S					
D					

Bilan de la semaine

Kilomètres parcourus : ....

Observations générales : ....

....

....

AÏE, OUILLE ! **ÉLONGATION**

Elle provient de micro-déchirures musculaires consécutives à un dépassement de l'élasticité des fibres. Elle est causée par un étirement inhabituel et est identifiable par une sensation de piqûre. Elle disparaît généralement avec une période de repos. Si le repos est insuffisant, la douleur réapparaîtra.

ATTENTION AU « MUR » !

Tous les joggers amateurs ont entendu parler, ou ont eux-mêmes « frappé le mur ». Ce phénomène arrive le plus souvent entre le 30e et le 35e kilomètre d'un marathon. Le coureur est victime d'une « panne de jambes », qui l'oblige à réduire sa vitesse.

QU'EST-CE QUE LE MUR ?

Le « mur » est un phénomène physiologique correspondant à l'épuisement des réserves de carburant (le glycogène) du coureur qui va alors utiliser un autre carburant (les acides gras). Mais ces acides gras sont moins efficaces et la vitesse baisse.

COMMENT LUTTER CONTRE ?

1. **En soignant l'entraînement.**
Lors des 2 ou 3 mois de préparation, vous devez ne pas négliger les séances « au seuil » (voir par ailleurs) et les séances longues. Une dizaine de séances au seuil et autant de séances longues vous aideront.

2. **En partant le réservoir plein.**
C'est dans ce but que la nutrition est importante. Les derniers jours avant la course, il faut un régime hyperglucidique et un entraînement allégé.

3. **En gérant l'effort pendant la course**.
Il faut se mettre dans « son » rythme progressivement. Un départ prudent, c'est-à-dire une allure inférieure à celle prévue, pendant environ 5 km, et ensuite on prend son rythme de croisière, soit 85% de sa fréquence cardiaque maximale.

Objectifs de la semaine : --

	Km	Tps	Km/h	Météo
L				
M				
M				
J				
V				
S				
D				

Bilan de la semaine

Kilomètres parcourus : --

Observations générales : --

VOTRE POIDS : ----------

ÉPREUVE

UNE DEUX, UNE DEUX...

Les grands gratte-ciel accueillent des courses à pied pour des... épreuves de montée d'escaliers. L'épreuve la plus connue est celle de l'Empire State Building, à New York. Depuis 1978, quelques concurrents triés sur le volet gravissent les 1576 marches situées entre le hall d'entrée et le 86e étage. Le record appartient à l'Australien Paul Crake depuis 2003 (9 min 33). En ascenseur, il faut 55 secondes.

À CHACUN SON MENEUR

De plus en plus d'épreuves, notamment sur le marathon, apportent un soutien « chronométrique » aux concurrents en proposant des « meneurs d'allures ». Des coureurs expérimentés qui sauront courir précisément (à quelques minutes près) le temps que les organisateurs leur ont demandé. Sur une ligne de départ, ils se postent avec des temps clairement affichés (3h, 3h30, 4h....) et sont facilement repérables par des ballons de couleurs.

• Repérez « votre » meneur d'allure.
• Allez vous placer à sa hauteur. Attention vous ne serez pas seul. « Votre » meneur ne signifie pas un meneur particulier. Il faudra sûrement le partager avec une dizaine, voire une centaine d'autres coureurs.
• Suivez-le (ou tentez de le suivre) et n'hésitez pas à suivre ses conseils pendant la course. Vous pouvez aussi lui poser des questions.
• Rien ne vous empêche de « lâcher » votre meneur d'allure si vous vous êtes sous-estimé.

11

MOIS DE : ....

PRÉPAREZ-VOUS J-7 AVANT UN MARATHON

APRÈS DES SEMAINES DE PRÉPARATION, DES KILOMÈTRES À SUER, LE COMPTE À REBOURS ARRIVE PRESQUE AU BOUT.

C'est le moment de se concentrer sur les détails pour mettre toutes les chances de son côté. Entraînement allégé, hygiène de vie saine, mental renforcé : tout doit être peaufiné.
Dominique Chauvelier, quadruple champion de France du marathon et médaillé de bronze aux Europe 1990, livre quelques secrets pour cette dernière semaine.

→**Entraînement ?** *« Il faut lever le pied ! Des footings tranquilles et deux entraînements maximum (mercredi et vendredi par exemple) dans la semaine. Même s'il est tentant de se rassurer avec une longue sortie de 2 heures, il faut proscrire cette idée. Le gros risque est d'arriver sur la ligne de départ surentraîné. »*

→**Hygiène de vie ?** *« Faire attention au sommeil et à la nutrition, éviter de sortir tard. Il faut tout faire pour arriver frais physiquement et psychologiquement le jour J. Par exemple, il faut prendre l'habitude, dans ces ultimes jours, de toujours avoir une bouteille d'eau avec soi pour éliminer les toxines. Et ne surtout pas vouloir tester de nouvelles chaussures ou de nouveaux produits de réhydratation. »*

→**Mental ?** *« Il faut se préparer à l'effort mentalement. Prendre conscience que le marathon va être dur. Je conseille de profiter de cette période plus tranquille (au niveau de l'entraînement) pour travailler mentalement sur cette notion d'effort. Pour mieux l'apprivoiser en course. Il faut se mettre dans la tête que le marathon, c'est deux semis. Cela peut paraître absurde, mais c'est fondamental de se mettre ça en tête. Profitez-en aussi pour fignoler les derniers détails : prévoir de s'adapter à la météo. »*

→**Conclusion :** *« Gardez à l'esprit que cette course est avant tout une belle aventure humaine. Après plusieurs semaines d'entraînement fastidieux, il faut profiter des derniers jours pour se rassurer et faire monter l'envie. »*

Objectifs de la semaine : --

	Km	Tps	Km/h	Météo
L				
M				
M				
J				
V				
S				
D				

Bilan de la semaine

Kilomètres parcourus : --

Observations générales : --

PAAVO NURMI

Le plus illustre des Finlandais, dominateurs dans les épreuves de fond avant la guerre. Né en juin 1897 et mort en octobre 1973, Nurmi établit 22 records du monde, du 1500 m au 20 000 m et remporte 12 médailles olympiques, 9 titres, entre 1920 et 1928. Le « Finlandais volant » sera toutefois suspendu à vie en 1932 pour avoir enfreint les règles de l'amateurisme. Il sera le dernier porteur de la flamme lors des JO-1952 à Helsinki.

PRÉPARATION MENTALE

Préparer son corps pour disputer une épreuve est une évidence. Préparer sa tête doit l'être tout autant. Plus la course approche, plus vous tirez un bénéfice à « travailler votre course » mentalement.

QUOI FAIRE ?

1. Étudiez le parcours sur un plan pour vous permettre de prendre des points de repères (monuments...).

2. Repérez le parcours sur place pour éviter les (mauvaises) surprises. Vous pourrez notamment voir les faux plats, les côtes, les descentes... Effectuez des exercices de visualisation de vous en train de courir, de vous ravitailler, voire de souffrir... Ça aide !

3. Évitez de « psychoter »: plus le jour J approche, plus vous pourriez ressentir une sorte d'angoisse, douter de vos capacités. Reprenez-vous ! Vous vous êtes entraîné, vous avez votre équipement, plein de gens l'ont fait avant vous... Alors, il n'y a aucune raison de ne pas y arriver.

Objectifs de la semaine : ....

	Km	Tps	Km/h	Météo
L				
M				
M				
J				
V				
S				
D				

Bilan de la semaine

Kilomètres parcourus : ....

Observations générales : ....

....

....

CONSEIL

VOUS DISPUTEZ VOTRE PREMIER ET PEUT-ÊTRE VOTRE UNIQUE MARATHON ?

Votre seule ambition est de garder de bons souvenirs de cette journée ? Alors, munissez-vous d'un petit appareil photo ! L'idée peut paraître saugrenue, mais vous verrez que vous ne serez pas la seule personne à faire des pauses « clic-clac ». Et lorsque vous aurez développé vos photos des monuments et des gens croisés, l'émotion de revivre cette journée historique resurgira.

PRÉPARATION PHYSIQUE

Entraînement à partir de J-7 pour un marathon.

J-7	Une dernière séance « sérieuse ». Vous pouvez effectuer une sortie de **90 min à un rythme inférieur** à celui que vous adopterez en course.
J-5	Un **entraînement inférieur à 1h** où vous travaillerez votre résistance mais à un **rythme lent** (75% de votre FCM).
J-3	Un **footing de 30 minutes** (75% de votre FCM). Vous pouvez aussi terminer par de légères accélérations sur 1000 m.
J-1	Une petite **« promenade » de 20 minutes** pour dérouiller les jambes. Ne négligez surtout pas les étirements avant et après les entraînements et prenez soin de vos pieds.

Objectifs de la semaine : ....

	Km	Tps	Km/h	Météo
L				
M				
M				
J				
V				
S				
D				

Bilan de la semaine

Kilomètres parcourus : ....

Observations générales : ....

....

....

SANTÉ

AÏE, OUILLE ! LE FAMEUX **POINT DE CÔTÉ** A DEUX ORIGINES

Il peut s'agir d'un engorgement sanguin de la rate ou du foie en début d'effort quand l'échauffement n'a pas été assez progressif. Remède : appuyer sur le foie ou la rate (comme pour assécher une éponge) ou diminuer l'intensité de l'effort. En cours d'effort, il s'agit d'une acidose locale ou d'une tétanie des muscles lisses (ceux des parois des organes). Le remède : exécuter une respiration profonde qui gonfle le ventre, provoquant ainsi un massage et, bien sûr, diminuer l'intensité de l'effort.

PRÉPARATION ALIMENTAIRE

Alimentation à partir de J-7 pour un marathon.
Dans la semaine qui précède votre épreuve, commencez à passer en « mode course» pour l'alimentation.

1. **Oubliez les graisses.** Pas question de s'empiffrer de sauces, de rillettes, de charcuteries...

2. Pour l'hydratation, **beaucoup d'eau, du thé,** des boissons énergétiques. Pas de sodas gazeux ni d'alcool... Gardez la bière et le champagne au frais pour après la course.

3. Et à partir de J-3 jusqu'à la veille de la course, mangez essentiellement des **glucides lents** (pâtes, riz, pommes de terre, céréales, fruits secs), **des fibres** (légumes verts...) et **des fruits secs ou frais.**

INSOLITE

TRICHE

L'Américaine Rosie Ruiz réalisa un exploit en remportant le marathon de Chicago 1980 en 2h31 min 56 sec. Record de l'épreuve. Problème : personne ne se souvient d'elle sur le parcours. Pas d'images, pas de photos. Rien. Il semble en fait qu'elle soit sortie de la foule dans le dernier kilomètre. Selon certains témoignages, elle avait déjà réalisé le coup de l'apparition à New York, empruntant le métro pour resurgir à quelques hectomètres de l'arrivée.

Objectifs de la semaine : --

		Km	Tps	Km/h	Météo
L					
M					
M					
J					
V					
S					
D					

Bilan de la semaine

Kilomètres parcourus : --

Observations générales : --

VOTRE POIDS : ----------

LE RENFORCEMENT MUSCULAIRE

Avec l'entraînement à la course à pied, les muscles vont se développer et travailler. Mais vous pouvez aussi «aider» votre corps à être plus fort en faisant quelques exercices de musculation : du renforcement musculaire.

L'idéal est de se rendre dans une salle spécialisée pour obtenir les conseils d'un «pro» de la fonte. Dès que vous avez les bases, rien ne vous empêche d'acheter du matériel (quelques poids et accessoires) et de faire votre muscu à la maison.

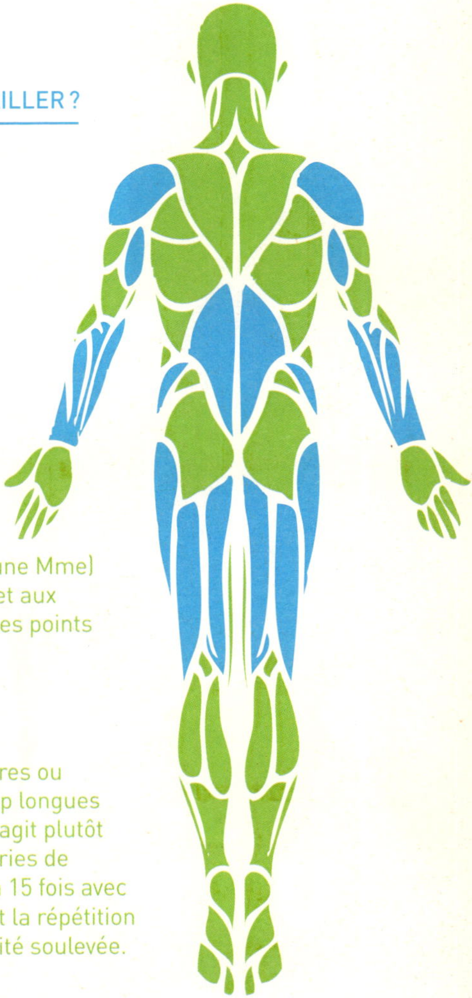

QUELLES PARTIES DU CORPS TRAVAILLER ?

- La ceinture abdominale.
- Les lombaires.
- Les quadriceps.
- Les bras.
- Les épaules.

POURQUOI ?

Le but n'est pas de devenir un M. (ou une Mme) Muscle. Laissez cela aux spécialistes et aux sprinteurs. L'objectif est de renforcer les points faibles et d'équilibrer le corps.

COMMENT ?

Inutile de s'épuiser à soulever des barres ou des poids trop lourds en restant de trop longues secondes à grimacer sous l'effort. Il s'agit plutôt d'insister sur la répétition avec des séries de mouvements (max 10) répétés environ 15 fois avec des poids adaptés à votre niveau. C'est la répétition qui apportera le progrès, pas la quantité soulevée.

12

MOIS DE : ....

PRÉPAREZ-VOUS J-1 AVANT UN MARATHON

ÇA Y EST, LE GRAND JOUR APPROCHE, PLUS QUE 24 H AVANT LE DÉPART•

La tension se fait ressentir. Ces ultimes heures avant la compétition doivent être mises à profit pour s'assurer qu'aucun détail n'a été oublié. Pensez à votre alimentation et à votre hydratation, à la préparation de vos affaires, préparez-vous mentalement...

→L'alimentation de la veille de course doit être considérée avec sérieux. Pas question de se faire plaisir avec une blanquette, une choucroute ou des desserts pleins de crème ! Pas de bière ni de champagne. Les petits plaisirs attendront quelques heures après la course. Pour vous, ce sera plutôt féculents, viande blanche (volaille) ou poisson, fruits (mais pas à fibres) comme la banane ou la pomme, fromage blanc... Pensez aussi à remplir votre réservoir en buvant beaucoup. Et de l'eau en priorité. En revanche, inutile de boire 1,5l en un quart d'heure, votre corps ne serait pas capable de le digérer. Il faut plutôt se balader toute la journée avec sa bouteille et ingurgiter de petites gorgées.

→Pour ne pas vous faire surprendre la matin de la course, préparez vos affaires la veille. Accrochez votre dossard à votre maillot, vérifiez la météo pour savoir quels vêtements porter. Prenez la liste sur laquelle vous aurez préalablement noté tout ce qu'il faut avoir pour la course. N'hésitez pas à coucher sur cette liste des choses qui peuvent paraître superflues à première vue mais qui vous feraient grandement défaut à quelques minutes de la course.

→La dernière journée est aussi une journée pour « faire du jus ». Pas la peine de gaspiller vos forces. Vous en aurez bien besoin le lendemain. Vous pourrez vous offrir quelque minutes de marche. L'important sera de passer une bonne nuit et de ne pas rater le réveil. Comptez environ 3-4 h entre le réveil et le départ de la course.

Une fois habillé, alimenté, échauffé... rendez-vous sur l'aire de départ et... à vous de jouer.

Objectifs de la semaine : ....

	Km	Tps	Km/h	Météo
L				
M				
M				
J				
V				
S				
D				

Bilan de la semaine

Kilomètres parcourus : ....

Observations générales : ....

....

....

SPYRIDON LOUIS

Le Grec Spyridon Louis est le premier champion olympique du marathon. Le 29 mars 1896 à Athènes, ce jeune berger de 23 ans, habillé de la traditionnelle fustanelle (jupe grecque pour hommes), profite des défaillances des leaders pour entrer en héros dans le stade olympique de marbre blanc (encore visible), après 2h58 de course. 60 000 spectateurs, dont le roi, attendent cet athlète repéré lors du service militaire, dont la légende dit qu'il s'était préparé dans le jeûne et la prière.

DÎNER DE LA VEILLE

Le dîner pré-marathon se transforme généralement par tradition en une « pasta party ».

Petit dîner-type à engloutir la veille d'une course.

- 150 g de pâtes aux œufs. Cuites al dente car trop cuites, elles se transforment en sucres rapides et deviennent inutiles pour la course.
- Du coulis de tomates en accompagnement.
- 1 tranche de jambon blanc.
- Du riz au lait.
- 1 fruit frais.

En boisson, privilégiez l'eau (plate ou gazeuse).

- 1 infusion (pour vous aider à trouver le sommeil).

À éviter : la viande, les graisses, les sauces, les fruits à fibres, le café.

À noter que vous pouvez aussi remplacer les pâtes par des pommes de terre, cuites à l'eau.

Objectifs de la semaine : ....

	Km	Tps	Km/h	Météo
L				
M				
M				
J				
V				
S				
D				

Bilan de la semaine

Kilomètres parcourus : ....

Observations générales : ....

....

....

ÉPREUVE

MARATHON DES SABLES

Il s'agit de l'une des épreuves les plus difficiles au monde. Longue de 250 km environ, cette épreuve marocaine comporte 6 étapes de 20 à 80 km disputées en autosuffisance alimentaire. Chaque concurrent porte sa nourriture pour une semaine. Seule l'eau est fournie. L'itinéraire emprunte toutes sortes de terrains: dunes, plateaux caillouteux, pistes, oueds asséchés, palmeraies, petites montagnes. Parmi les réjouissances: un marathon et une étape partiellement nocturne d'environ 80 km.

PRÉCAUTION MÉDICALE

Participer à une course nécessite la présentation d'une attestation de non contre-indication à la course à pied, généralement valable un an. Ne négligez surtout pas l'importance de cet examen. Il peut vous épargner de très mauvaises surprises. Selon le Dr Prothoy, de la Polyclinique des Alpes du Sud, une étude montre que, après 35 ans, la fréquence des « morts subites » (décès brutal lié dans 95% des cas à un problème cardiologique) est de 1/15 000 joggers, contre 1/50 000 marathoniens (sujets nettement plus entraînés).

Lors de la visite médicale, vous aurez:

- Un entretien concernant les antécédents familiaux (problèmes cardiaques...), les facteurs de risque (tabac, cholestérol, hypertension...).
- Un examen clinique cardio-vasculaire, pulmonaire, locomoteur.
- Un électrocardiogramme et un test d'effort.

Objectifs de la semaine : ....

	Km	Tps	Km/h	Météo
L				
M				
M				
J				
V				
S				
D				

Bilan de la semaine

Kilomètres parcourus : ....

Observations générales : ....

....

....

TERRY FOX

En 1980, ce Canadien de 21 ans décide de traverser en courant son pays pour lever des fonds pour la recherche contre le cancer. Sa particularité : atteint du cancer, il a été amputé d'une jambe. Les images de Fox claudiquant avec une jambe artificielle suscitent une émotion et des millions de dollars sont récoltés. Le 1er septembre, des douleurs écourtent son « marathon de l'espoir » après 143 jours et 5373 km, soit 37,5 km de moyenne par jour. Il décède le 28 juin 1981. Au Canada, de nombreuses avenues portent son nom et une journée lui est consacrée en septembre pour recueillir des fonds.

LE PETIT DÉJEUNER AVANT COURSE

Le grand jour arrive, le petit déjeuner doit être pris avec sérieux, malgré les nœuds à l'estomac provoqués par la tension nerveuse. Mais il n'est pas forcément nécessaire de changer vos habitudes (sauf si vous sautez ce repas les autres jours).

Exemple de petit déjeuner :

- 1 ou 2 tasses de café (ou thé).
- 1 fruit (pas de fibres) ou 1 jus de fruit frais.
- 1 tartine de pain complet (ou biscotte) avec du miel ou de la confiture. Pas de beurre.
- 1 yaourt avec des céréales.
- 1 tranche de jambon ou 1 œuf.

Pour contredire la fameuse règle disant qu'il faut absorber son petit déjeuner 4 ou 5 heures avant une course (lorsqu'elle a lieu le matin), une nouvelle tendance venue de diététiciens prétend qu'on peut se contenter d'une part de gâteau diététique (ou pain d'épices) deux heures avant la course, accompagnée d'un café (ou de thé).

Objectifs de la semaine : ....

	Km	Tps	Km/h	Météo
L				
M				
M				
J				
V				
S				
D				

Bilan de la semaine

Kilomètres parcourus : ....

Observations générales : ....

....

....

VOTRE POIDS : ....

Objectifs de la semaine : ....

	Km	Tps	Km/h	Météo
L				
M				
M				
J				
V				
S				
D				

Bilan de la semaine

Kilomètres parcourus : ....

Observations générales : ....

....

....

VOTRE POIDS : ....

RÉCIDIVISTE

Saïd Dogga est un spécialiste des... raccourcis. Depuis 1999, le Français a officiellement été déclassé des marathons de Chicago (1999), Stockholm (2000), Rotterdam (2000) et des 20 km de Paris (1999) pour ne pas avoir couru la distance. En 2006, au marathon de Paris, l'étude de ses chronos montre des incohérences. Il aurait ainsi repris énormément de temps dans les bois de Boulogne et de Vincennes. Là, où il est justement facile de prendre des chemins de traverse.

PETITE LISTE D'OBJETS À NE PAS OUBLIER LE JOUR D'UNE COURSE

1. **Un sac poubelle** ou un vieux vêtement à abandonner pour se protéger du froid en attendant le départ.

2. **Trois ou quatre épingles à nourrice** pour accrocher le dossard.

3. **Des pansements à placer sur les mamelons.** Les femmes devront porter un soutien-gorge spécifiquement adapté à la pratique du sport (enveloppant et sans armature).

4. **De la vaseline pour badigeonner l'intérieur des cuisses.** La répétition des frottements du short provoque des saignements.

5. Et si personne ne vous attend à l'arrivée, une petite poche (au poignet par exemple) pour les clefs et 1 billet de banque au cas où...

UN PROGRAMME D'ENTRAÎNEMENT SUR MESURE

LE SUIVI DE VOS PERFORMANCES

DES INFOS ET DES ANECDOTES INÉDITES

DÉCOUVREZ LES AUTRES TITRES DE LA COLLECTION "COACH PERSO"

La Natation

Le Golf

Le Cyclisme

La Collection **«Coach Perso»** répond aux attentes des sportifs, compétiteurs ou amateurs, licenciés ou non, qui s'entraînent seul le dimanche ou tous les soirs après le travail.

Chaque livre est construit autour d'**un agenda**, dans lequel chacun pourra noter au quotidien ses performances et ses progrès. Chaque semaine, d'authentiques **conseils de pros** et de spécialistes, des **exercices d'entraînement** et, en bonus, des **infos et anecdotes inédites**.